Adolescents
à problèmes

Du même auteur

On a rendez-vous chez le psy,
Retz-Pocket, 1995.

Parents, osez dire non !
Albin Michel, 1996.

Le psychodrame psychanalytique individuel,
Bibliothèque scientifique Payot, 1996.

De l'amour de l'autre à l'amour de soi.
Le narcissisme en psychanalyse,
Denoël, 1999.

Doit-on céder aux adolescents ?
Albin Michel, 1999.

Adolescence, enjeux cliniques et thérapeutiques,
Nathan, 2000.

Dr Patrick Delaroche

Adolescents à problèmes

Albin Michel

Collection « Questions de Parents »
dirigée par Mahaut-Mathilde Nobécourt

22, rue Huyghens, 75014 Paris

www.albin-michel.fr

ISBN : 2-226-11723-7
ISSN : 1275-4390

langage

la parole aux ados

Nos ados pratiquent un jargon dont eux seuls maîtrisent les codes. Petite leçon linguistique grâce au dico ado préfacé par Claude Hagège, « Comment tu tchatches ! »*. Parmi leurs péchés mignons : le verlan, mais aussi la troncation des mots (apocope et aphérèse) : un « blème » (pour problème), un « dwich » (pour sandwich), un « artiche » (pour artichaut, c'est-à-dire argent), etc. Créatifs, nos ados n'ont pas leur pareil pour créer des néologismes savoureux : on ne dit plus une classe mais une « ronfle » (on s'y endort), on ne prend plus le RER mais le « reureu », on a supprimé les punks pour voir surgir les « créteux ». Les filles ne sont plus des meufs, mais des « sisters » ou, si elles sont super belles, des « beubons » (bombes, en verlan), voire des « bombax » (super beubons), les vrais canons étant désignés comme étant « de la balle atomique » ou des « rafales ». Au contraire, maigres et sans « airbags » (sans poitrine), elles sont appelées des « cartes bleues », des « findus ». Pour « zouker » (danser) sur la « zicmu » et délirer « comme un psychopathe » (le comble de l'extase), mieux vaut éviter d'« être de la ringue » (démodé) ou sapé comme un « bledman » (paysan). On peut porter un petit « pince » (pantalon à pinces) pour avoir un sacré « leust » (style). Les belles « seupas » sont dispensables pour « faire le kéké » auprès des « bombax ». Capito ? No ? **S. C.**

e Jean-Pierre Goudaillier, éditions Maisonneuve & Larose.

OBIOL
AQUADRAINAN
JE VEUX DE

À la fin d'une émission de télévision consacrée aux difficultés psychologiques des adolescents et traitant aussi bien des conflits avec les parents que des accidents psychiatriques, un journaliste conclut, sans que l'on puisse lui répondre, qu'on venait de traiter un aspect tout à fait partiel de l'adolescence et que la grande majorité des jeunes passait ce cap sans conflit majeur.

Ce livre s'adresse d'abord aux parents qui pensent comme lui et se laissent surprendre par une crise qui les déconcerte et parfois même les déstabilise.

L'adolescence ne se résume pas à la crise, elle correspond aussi à un processus inconscient qui peut se simplifier en deux mouvements opposés et complémentaires. Le premier, le *défi adolescent*, pousse à se dépasser soi-même, à dépasser ses parents avec leur propre assentiment car ceux-ci projettent dans leur enfant l'espoir de changement qu'ils n'ont pu réaliser. Le défi, c'est l'acte parfois provocant dont on est fier parce qu'on le réalise seul et que c'est la première fois. Bien entendu, le défi ne va pas sans risques et il faut les assumer pour avancer. Le second mouvement, le *deuil*, se produit au même moment ou avec un certain décalage. Autant le premier s'adresse à l'autre, autant celui-ci se retourne sur soi : il réalise le deuil de l'enfance et de ses sortilèges, mais aussi il consiste à assumer son histoire, à la reconnaître pour la faire sienne, c'est-à-dire irréductiblement unique et différente.

La coexistence pas toujours pacifique de ces deux mouvements explique les changements soudains et variés qui caractérisent l'humeur et les goûts de l'adolescent. Rien d'anormal dans tout cela, même si souvent l'amour du risque ou la propension au spleen peuvent inquiéter à juste titre. Parfois, en revanche, l'un des deux prend des proportions inquiétantes, qu'il s'agisse de délinquance ou, à l'opposé, de dépression. Il faut non seulement consulter mais prendre des mesures indispensables.

La pathologie psychique de l'adolescence est donc spécifique : qu'elle tente de le rompre ou qu'elle en constitue un avatar, elle est inséparable de ce *processus*, et il est indispensable que le traitement en tienne compte en restant souple. Chaque accident, chaque maladie exagère parfois à l'extrême l'une des faces du processus et réprime du même coup l'autre : la délinquance, par exemple, caricature du défi, cherche à nier et à éviter le retour sur le passé et le deuil de l'enfance ; de la même façon, la dépression est un refus ou un ratage du désir d'émancipation. Dans chaque cas, il faut donc laisser s'exprimer la vitalité potentielle et se demander pourquoi le processus normal a échoué avant de soigner cet échec médicalement.

La méconnaissance ou la négation par les parents des problèmes que leur enfant doit résoudre à cette période peut laisser s'installer insidieusement une absence de dialogue véritable qui risque d'être brutalement interrompue par un drame : prise de drogue, crise délirante, anorexie mentale ou tentative de suicide. Or, si ce drame peut être surmonté avec une aide appropriée, c'est aussi parce qu'il oblige les uns et les autres à renouer avec la parole et que le dialogue permet d'intégrer l'accident en question dans le mouvement même de l'adolescence.

Ce livre a donc aussi l'ambition de prévenir ou de limiter ces catastrophes en tentant d'expliquer aux parents ce qu'est l'adolescence en profondeur. L'expérience m'a montré, en effet, que ces parents-là n'étaient pas plus « mauvais » que d'autres. Leur propre histoire est souvent responsable de leur cécité ou de leur surdité psychique. Ils demandent les explications qui leur ont manqué en coopérant avec les psychologues et cet échange leur permet de prendre de la distance, d'accepter de se remettre en cause et de progresser car, bien souvent, ils n'ont pas vécu une véritable adolescence.

Le psychologue a donc besoin de l'aide et de la compréhension des parents. C'est pourquoi ce livre se veut un guide. Il décrit, classe et tente de remettre un peu de clarté dans le désordre apparent des troubles pour faire la part de ce qui revient à l'adolescence elle-même et qui ne se soigne pas. Dans la plupart des cas d'ailleurs, le dynamisme de l'adolescence explique qu'une ou quelques consultations d'un psychanalyste suffisent pour que les choses rentrent dans l'ordre. Cela peut prévenir une crise plus grave et éviter bien des erreurs. Il ne s'agit donc pas d'une médicalisation ou d'une psychiatrisation des problèmes, bien au contraire. Cela étant dit, si nos adolescents sont fragiles et si les problèmes psychologiques et psychiatriques remplacent les rites de passage de l'enfance à l'âge adulte, c'est peut-être un fait de société qu'il faut assumer.

L'intérêt des psychanalystes pour l'adolescence ou les adolescents arrive donc sans doute à point nommé dans notre histoire. Mais il est vrai aussi que la psychanalyse a des affinités certaines avec l'adolescence : même chez l'adulte, on peut dire qu'elle rouvre le processus d'adolescence. En laissant s'exprimer les pulsions et le désir, elle lance un défi aux répressions de l'enfance, mais elle permet aussi de faire le deuil des échecs. C'est que tout au long de son déroulement, elle relance l'imagination et les idéaux tout en permettant d'assumer la solitude de l'être humain, être humain en devenir dont elle cherche, comme la véritable adolescence, à faire un adulte.

La première partie de ce livre traite de la norme. Elle a une importance considérable pour l'adolescent(e) qui cherche constamment des repères. Norme physique, biologique même mais aussi corporelle et esthétique, norme morale et en particulier sexuelle enfin. La puberté, sans être le seul, est un des éléments déclenchants du processus. Le second élément, abordé dans la deuxième partie, étant la « contrainte à l'émancipation », contrainte paradoxale car émise par les parents à leur corps défendant. Cette partie traite aussi de la découverte de l'autre, du partenaire, mais en passant par celle de la famille qu'il s'agisse des ancêtres, des parents ou de la fratrie.

La troisième partie s'attache au processus lui-même, avec ses exagérations et ses ratés, bref, ce qui fait que l'adolescence est une affaire de temps, temps qui constitue son « remède » essentiel.

La quatrième partie envisage la pathologie de l'adolescence, pathologie comprise comme un avatar, ou au contraire une tentative de rupture du processus.

Dans la cinquième partie, nous abordons certaines réactions des parents, réactions frisant la pathologie parfois, mais aussi ce qui pousse parents et adolescents à faire appel au spécialiste.

La dernière partie, enfin, parle des traitements. Elle explique les différentes méthodes, tente de définir les spécialistes qui sont amenés à voir les adolescents et de dire ce qui peut (ou non) se passer pendant une consultation.

Ce livre est donc destiné aux parents, aux éducateurs, aux enseignants, à tous ceux que l'adolescence concerne, mais il n'est pas interdit aux adolescents qui veulent en savoir plus, ni d'ailleurs aux spécialistes qui, je l'espère, y reconnaîtront leur travail quotidien.

Enfin, les exemples sont nombreux, ils sont bien entendu modifiés pour éviter toute reconnaissance, mais j'espère, en revanche, que les intéressés s'y reconnaîtront et revivront notre travail commun.

I

LA QUESTION DE LA NORME

La question de la norme obsède l'adolescent. C'est tellement vrai que, s'il se trouve différent des autres, s'il s'oppose à son milieu familial, c'est pour réagir contre une norme supposée – celle de la « société », celle de la famille, celle tout simplement « des autres » – et c'est ce qui lui permet de se construire. Comment expliquer aussi son impérieuse nécessité de vivre en groupe, lorsqu'il s'évade de sa famille, sinon par le besoin de s'abriter derrière de nouvelles normes ?

L'explication de cette hantise paraît de prime abord évidente : les modifications corporelles amenées par la *puberté* inquiètent l'adolescent, même s'il est prévenu par l'éducation (qui a pourtant fait d'énormes progrès par rapport aux générations antérieures). Quelles que soient les explications (en particulier la culpabilité inhérente à tout ce qui concerne le sexe), il faut bien convenir que tout ce qui est *nouveau*, et qui de plus touche au corps, est de nature à susciter des inquiétudes.

Denis, lors de sa première pollution nocturne, pense qu'il s'agit d'une émission de pus. Il se croit donc malade mais trouve cette « maladie » survenue au cours d'un rêve érotique suffisamment agréable pour ne pas en parler à ses parents.

Les fantasmes de ce genre sont légion et, comme dans ce court exemple, même si la norme est délibérément ignorée, elle n'en est que plus prégnante. Mais il est d'autres sources d'inquiétudes en rapport avec la norme. En premier lieu, l'image qu'on donne aux autres. Parfois cause de souci dès l'enfance, c'est à l'adolescence que cette image préoccupe le plus. Là aussi, l'explication simple saute aux yeux, mais elle ne suffit pas : l'écart est parfois considérable entre l'image réelle et celle que l'adolescent croit donner de lui. Aussi convient-il de ne pas taxer de narcissique l'adolescent qui s'inquiète de son image.

Il y a enfin, à l'adolescence, une interrogation sur les normes morales particulièrement aiguë. Même s'il ne conteste pas la morale familiale, l'adolescent a besoin de se forger la sienne propre. Pour ce faire, il lui faut comprendre comment s'est construite celle de ses parents. Et, là aussi, il existe un décalage entre ce qu'ils ont transmis à leur enfant et ce qu'ils disent. D'où des motifs multiples d'affrontements, liés le plus souvent à l'angoisse de l'inconnu. En outre, les parents évoluent en fonction du monde environnant et de l'expérience qu'ils acquièrent au contact de leurs enfants. Or l'adolescent va souvent leur reprocher des faits caducs, car survenus au cours de son enfance. Le rôle des parents est, ici, difficile et ingrat. Quant à l'adolescent, il cherche un peu partout de nouvelles normes qui ne sont peut-être pas si nouvelles que ça.

"Les traits les plus marquants d'un caractère se forment et s'accusent avant qu'on en ait pris conscience."
André Maurois.

1

Le renouvellement de l'image de soi

Les modifications physiques de la puberté changent notablement l'aspect extérieur de l'adolescent. Leurs conséquences sont de la plus grande importance et expliquent certaines difficultés de l'adolescent.

Plus encore : ces difficultés sont présentes (sous la forme par exemple d'une simple pensée vite oubliée) chez *tous* les adolescents. C'est pourquoi (et ce sera un leitmotiv dans ce livre) la frontière entre le normal et le pathologique est toujours fluctuante et artificielle. Tous les adolescents, en effet, sont confrontés à certains problèmes : la puberté et ses modifications physiques en est l'un des plus importants. Tel adolescent peut le mettre de côté ; il lui faudra cependant le résoudre un jour ou l'autre. Tel autre a du mal à s'en sortir ; l'aide qu'on peut lui apporter à ce moment-là est capitale. Mais cette aide ne peut se faire sans la compréhension en profondeur du phénomène en cause.

On dit que l'adolescent change de *peau*, qu'il est plus ou moins bien dans sa (nouvelle) *peau* ; toutes ces *images* reflètent une réalité. Mais elles ne font que la refléter ! On ne peut s'en tenir en effet à une *réalité*, qui serait celle de l'aspect extérieur, sans se demander aussitôt comment elle est *vécue*. Et c'est là, au moment de la puberté, qu'on s'aperçoit de différences parfois considérables : tel garçon sera fier de se raser, tel autre n'en voudra rien savoir ; telle jeune fille attend avec impatience ses règles, telle autre s'en cache, etc.

Tout dépend, en effet, de la façon dont a été préparée, annoncée, expliquée cette puberté. Et cette façon dépend elle-même des relations parents-enfants avant l'événement en question ! C'est pourquoi mettre l'accent sur l'adolescence est une façon de parler *aussi* de l'enfance, voire de ce qui l'a précédée dans l'histoire des parents, et de parler également de l'état adulte, dans la mesure où certains adultes n'ont toujours pas surmonté leur adolescence. La façon dont les parents vivent eux-mêmes cette puberté, ce qu'ils pensent du fait que leur fils (fille) puisse avoir une vie sexuelle, entre donc en résonance avec ce que vit leur adolescent, c'est-à-dire une *image de soi qui est en train de changer.* Mais, bien entendu, le futur adulte était déjà présent potentiellement dans l'image que les parents avaient de leur enfant. Il ne s'agit donc pas véritablement d'un *changement*, mais d'un *renouvellement.* De plus, il arrive que cette image n'ait pas été consciente, chez les parents, avant que la puberté ne survienne. Ce sont ces faits qui expliquent que l'image de l'adolescent pubère puisse provoquer une sorte de cassure dans les relations des parents avec les enfants. Mais n'anticipons pas.

L'image de soi et le sentiment d'appartenance à un sexe donné

Qu'est-ce que l'image de soi ? Eh bien l'image de soi n'a, si je puis dire, de l'*image* en tant que telle... que l'image. Car il s'agit en effet d'une *idée.* Cette idée comprend, bien sûr, l'aspect physique, mais surtout le *jugement* que porte le sujet sur cet aspect. C'est en cela que cette image n'a qu'un rapport éloigné avec la réalité et, en revanche, toutes les caractéristiques de... l'imagination. Mais cela ne veut pas dire qu'il s'agisse purement et simplement de subjectivité. En effet, cette image de soi s'accroche, d'une part, à la *réalité* (l'aspect physique par exemple) et, d'autre part, à l'*histoire* du sujet.

Julien, par exemple, a l'« impression » que sa croissance s'est arrêtée en seconde quand il avait 15 ans. Actuellement, à 17 ans, il trouve qu'il lui manque un certain nombre de kilos : il trouve que ça ne fait « pas viril ». Au lycée, il n'ose quitter sa veste de peur que ses camarades ne voient ses bras, qu'il trouve trop grêles. Il ajoute qu'il a eu un retard de puberté par rapport à ses camarades.

Cet exemple montre bien ce qu'est l'*image de soi* : il est possible que les bras de Julien soient effectivement trop grêles, mais ce qui serait, chez un autre, un détail, voire un motif de faire de la musculation, paralyse Julien. Il est persuadé que *les autres* vont penser comme lui. Car, en fait, cette image qu'il a de lui est inséparable de l'idée qu'il n'est pas assez viril. Mieux, elle devient le symbole de cette idée, à tel point que l'idée elle-même ne peut plus être discutée : la preuve de l'infériorité est là, dans ces bras trop maigres !

Cette image traduit les problèmes de Julien. Elle ne pourra disparaître que quand son complexe lui-même aura disparu. Elle traduit, en effet, son sentiment d'infériorité, l'impression qu'il a de ne pas être assez « homme ». Ce sentiment est tellement fréquent qu'on peut dire qu'il touche plus ou moins la plupart des garçons au moment de la puberté. Mais, ici, ce sentiment, au lieu d'être simplement pensé et parlé, se fixe dans l'image que Julien croit donner aux autres. Cette image est donc le reflet de son complexe d'infériorité sexuelle. Mais si elle se *révèle* à la puberté, on peut penser qu'elle existait avant et que, petit garçon, Julien avait déjà le sentiment d'être inférieur et d'avoir des bras trop grêles par rapport aux autres garçons. On voit donc que l'image que donne l'enfant est renouvelée à la puberté et que ce renouvellement introduit plus explicitement la sexualité.

On retrouve ici une *analogie* intéressante avec la biologie, avec la différence entre *maturation sexuelle* et *différenciation du sexe*. La différenciation du sexe est génétique, la maturation, c'est-à-dire la puberté, ne fait que confirmer le message des gènes. Ici aussi, la puberté, et la nouvelle image de soi qui en découle, ne fait que confirmer ce qui était inscrit auparavant. Mais inscrit où et comment ? La détermination *psychologique* du sexe se fait, certes, *en référence* à la biologie, ou plutôt à ce qu'on en voit (l'apparence extérieure, c'est-à-dire les organes génitaux), mais indépendamment d'elle. Pour preuve, en effet, on sait qu'en cas d'indétermination sexuelle, le sexe psychologique dépend non seulement de l'éducation, c'est-à-dire du choix des parents, mais se décide avant l'âge de 3 ans[1]. Il y a donc une détermination psychologique du sexe qui précède de loin la puberté puisqu'elle *a lieu très précocement.* Or, cette détermination ne va pas toujours dans le sens de la biologie. C'est ce qui explique toutes les anomalies dites de l'*identité sexuelle*, et en premier lieu le *transsexualisme.* Il nous faut donc revenir à l'origine de l'image de soi pour comprendre ce qui va être *réactivé* à la puberté.

La genèse de l'image de soi (le stade du miroir). Histoire d'un dédoublement

Le propre de l'homme est non seulement de parler, mais de se reconnaître dans un *miroir.* Comme le langage, cette reconnaissance s'acquiert. C'est le psychologue Henri Wallon qui a décrit le premier ce qu'il a présenté comme un stade : à un certain moment (disons entre 6 et 18 mois) l'enfant se rend compte, en faisant toutes sortes de gestes et de mimiques, que l'image reflétée par le miroir est bien lui. En même temps il se retourne vers sa mère qui confirme, dans la joie partagée, cette découverte qui constitue pour Jacques Lacan l'origine du Moi.
Dès lors l'enfant intègre l'idée qu'il peut se dédoubler, en tout cas qu'il peut se *distinguer* de son image. L'image du miroir, c'est à la fois lui et pas lui : elle le *représente.* Cette image satisfait apparem-

1. Voir p. 29.

ment la maman, et cela est évidemment capital. On voit donc que c'est sur une véritable *image* que va se forger l'*idée* de soi, avec tout ce que l'image peut avoir ensuite de contraignant – comme en témoignent de nombreuses expressions : se conformer à l'image que les autres attendent, conserver coûte que coûte son image de marque, etc.

Ce dédoublement permet aussi à l'enfant de distinguer le dedans du dehors, les sensations venant de l'intérieur de ce qui est apporté par l'autre, la *peau* faisant frontière. On a donc deux images de soi : l'une, externe, pour les autres, l'autre, interne, pour soi. La pensée copie ce modèle, et l'enfant peut distinguer, dès lors, les pensées qu'il garde pour lui de ce qu'il montre à son entourage : le dédoublement de l'image devient, avec le langage, un dédoublement d'avec soi-même.

Le double à l'adolescence : la peur de l'hypocrisie

Ce dédoublement est réactivé à l'adolescence. Réactivé cela veut dire qu'à l'adolescence tout se passe comme si le *changement de peau* qu'implique la *puberté* reproduisait le stade du miroir, et du même coup redivisait la personnalité entre un dedans et un dehors qui posent le problème de la dualité commune à tous. Cette dualité peut être ressentie à l'adolescence comme une hypocrisie intolérable :

> *Éric*, 16 ans, ne supporte pas que son entourage, ou plus exactement les grands-parents, les oncles et tantes, à l'exclusion donc des parents, continue à le considérer comme un gentil garçon. *L'image qu'il leur donne* en effet est toujours celle du petit garçon qu'il était jusqu'à présent pour eux : bien élevé, souriant, prévenant, etc. Il ne le supporte plus, d'une part, parce qu'il n'arrive pas à *changer* cette image qui, littéralement, lui colle à la peau, d'autre part et surtout, parce qu'il se sent *« à l'intérieur » une* sorte de monstre. À l'intérieur, comme il dit, il ressent en effet des désirs

coupables et honteux où se mêlent, toujours pour lui, perversions et inceste, qui se concrétisent par des manifestations masturbatoires dont il se sent coupable. En fait, ces désirs prendront très probablement à l'âge adulte le statut si courant de *fantasmes* et feront donc partie du désir sexuel normal.

Olivier a 17 ans. C'est le troisième d'une fratrie de deux frères et deux sœurs. Il se plaint de ne pas arriver à travailler, alors que – bien entendu – ses facultés intellectuelles sont normales. En fait il développe, parallèlement à l'affection qu'il lui porte, une haine consciente à l'égard de son père qui est en train de quitter sa mère. Il dit qu'il ne peut pas lire parce que, dès qu'il ouvre un livre, ce qu'il lit le renvoie à autre chose. Cet « autre chose », ce sont des pensées à l'égard de son père pour lesquelles il culpabilise : « C'est pas beau, dit-il, ce que je pense. » « D'ailleurs, ajoute-t-il, si vous retirez la *carapace* du dessus, dessous c'est pas jobard. » Ces pensées sont vécues comme étant à *l'intérieur*, alors même qu'*à l'extérieur*, l'ensemble (indissociable) de son aspect physique et de son attitude avec les gens peut continuer à *faire illusion*. C'est cette *division* elle-même qu'Olivier ne supporte pas.

Chez Éric comme chez Olivier, cette réactivation du dédoublement s'explique par le fait que la puberté (qui coïncide pour Olivier avec la séparation de ses parents) réveille des désirs déjà présents pendant l'enfance mais restés latents. Pourtant, comme pour toute pensée autonome, les désirs faisaient déjà partie de l'image d'un *intérieur* caché aux autres. Mais l'*intérieur* étant pour l'enfant le plus souvent confondu avec l'*extérieur, l'image de soi paraissait unifiée*, ne faire qu'une. En effet, dans la mesure où ses désirs sont inactifs, dans la mesure où il satisfait ses parents, l'enfant se perçoit comme *transparent*. D'ailleurs, il est très fréquent que le jeune enfant nie penser autrement que sa mère et non moins fréquent qu'il ne lui cache, sincèrement, rien.
Ensuite survient l'état que Freud a pu appeler *phase de latence*, qui est remis en cause pour l'enfant comme pour les parents par la puberté.

Être bien dans sa nouvelle peau

Pour Éric et pour Olivier, la peau forme une frontière entre *deux* images : l'image de soi interne, cachée, invisible et l'image de soi externe, celle qu'on laisse voir, qu'on exhibe même parfois.
Mais la peau fait aussi frontière entre soi et les autres. Or, cette *frontière* change à la puberté. Il est fréquent à cet âge, par exemple, de ne plus accepter les *contacts physiques* avec les parents, comme si cette peau devenait *électrisée*. C'est qu'il y a un nouveau territoire, ou de nouvelles richesses, à défendre. Mais il est difficile d'ajuster cette défense aux dangers, plus imaginaires que jamais. Dès lors, de deux choses l'une : ou bien cette défense est trop importante et ne laisse plus rien passer, c'est le cas de la *carapace* d'Olivier ou de l'*imperméabilité* d'Éric. Ou bien, au contraire, cette frontière est poreuse, d'autant que la peau elle-même peut être fragilisée par une acné qui attire les regards. C'est le cas de Michel :

> *Michel* recouvre tous les jours son visage de crème qu'il « emprunte » à sa mère. Il ne s'agit donc pas, à proprement parler, d'un traitement mais d'une couche de protection supplémentaire qui vise, dans son esprit, à le protéger des autres. N'a-t-il pas l'impression constante que tout le monde le regarde ? Ce « tout le monde », ce sont les filles, bien sûr, qui lui déclarent un jour « qu'il n'a rien dans la culotte » ; ce qui d'ailleurs ne l'affecte pas plus que cela, car il y voit plutôt une provocation. Il n'empêche que, lui aussi, comme Julien, se sent « complexé ». Son complexe, d'après lui, est « physique » : « Je n'ai pas les épaules larges et je ne me tiens pas droit. » Comme pour Julien, le sentiment d'infériorité sexuelle se « fixe » temporairement sur l'aspect de la musculature.

Michel change de peau, mais pour lui comme pour beaucoup d'autres, sa nouvelle peau est transparente : loin de protéger comme devrait le faire toute peau, elle expose aux regards ; tout se passe comme si elle était une mince pellicule transparente qui met en évidence ce qu'il y a dessous. Or, qu'y a-t-il dessous ? Il y a tout ce qu'on voudrait cacher et qui paraît sale parce que le désir sexuel est toujours associé chez l'homme au sentiment de culpabilité.

L'amour de soi ou le « narcissisme » adolescent : de l'esthétique à l'angoisse

Il est parfois difficile – le cas de Michel en est l'illustration – de savoir si les inquiétudes de l'adolescent pour sa peau relèvent d'une exagération morbide ou d'un amour immodéré de son image. D'autant que l'un n'empêche pas l'autre ! Voilà en tout cas un signe qui, au pire, frôle le pathologique et, au mieux, immobilise pendant de longues minutes la salle de bains familiale !

La contemplation de son visage dans la glace, en effet, caricature la réactivation de ce stade du miroir à l'adolescence. Cette contemplation prend souvent pour prétexte l'observation « minutieuse » de l'apparition du duvet pubère ou des comédons séborrhéiques. Parfois, c'est sans complexe, voire même dans des accoutrements variés, et avec une grande complaisance que l'adolescent des deux sexes s'exhibe devant la glace. (Disons ici, au passage, qu'une courte phase de *transvestisme*, au cours de laquelle le garçon se déguise avec les habits de sa mère, est beaucoup plus fréquente qu'on ne le croit à l'adolescence et ne doit pas être dramatisée.)

C'est qu'il s'agit pour l'adolescent d'abord d'*accepter* mais aussi d'aimer cette nouvelle image de soi. L'amour de soi, par opposition à l'amour des autres, a été décrit par Freud sous le nom de *narcissisme* en empruntant ce terme à la mythologie grecque. Narcisse est ce héros qui méprise l'amour. Ayant refusé l'amour de la nymphe Écho, il est condamné par la déesse Némésis à mourir. En contemplant son visage dans une source, il tombe

amoureux de son image, se laisse mourir d'inanition puis est transformé en la fleur du même nom.
En contemplant son image, l'adolescent opère, comme les cinéastes, une sorte d'*arrêt sur image*. Il tente, en quelque sorte, d'arrêter le temps qui le conduit inexorablement vers l'état adulte. Ce faisant, il cherche aussi à retrouver l'image de son enfance, c'est-à-dire en somme à aller au-delà de cette peau qui lui barre le chemin du passé. D'où des comportements inquiétants :

Simon se trouve mal dans sa peau, celle d'un adolescent appartenant à une grande famille juive dont les parents s'effacent devant l'importance des grands-parents. Simon a des problèmes scolaires mêlés à des préoccupations sexuelles. Un jour il a cru qu'il devenait fou : il s'est regardé dans la glace plus d'une demi-heure et a cru qu'il ne pourrait en détacher son regard. « J'en ai encore des frissons dans le dos », dit-il, maintenant que cette angoisse est passée.

Ce genre d'expérience, fréquente sous des formes variables, correspond donc à un questionnement sans fin sur le thème du « qui suis-je ? » et peut parfois faire vaciller, comme pour Simon, les repères de l'identité, d'où cette angoisse très particulière sur laquelle j'insisterai plus loin. Elle pourrait être inquiétante si elle se répétait. Elle a pourtant un *sens* rassurant : l'adolescent se demande à travers la contemplation de lui-même, ou plutôt de sa nouvelle enveloppe, ce qu'elle contient : le monde infantile certes, mais aussi le passé et les promesses qu'il contenait.
Ces considérations rendront indulgents, je l'espère, les parents qui s'irritent des préoccupations jugées futiles de leur adolescent(e) aux prises avec sa petite personne comme on dit. Car on pourrait, à leur sujet, reprendre le mot de Cocteau : « Ce qu'ils ont de plus profond c'est leur peau. »

Benjamin illustre bien en quoi le narcissisme compense une tare originelle supposée. La puberté l'a surpris en vacances de façon incongrue : il a pris un premier poil pubien pour une araignée ! De même, la première pollution le surprend tellement qu'il appelle son père au secours. « J'attribue trop d'importance à mon corps », dit-il. Les filles lui disent qu'il a de beaux yeux. Et il se demande comment, avec un si beau physique, il a des problèmes avec elles. De la même façon, *Claude*, quand il se regarde dans la glace, se parle à lui-même : « Tu es beau, qu'est-ce qu'elles ont toutes à ne pas vouloir de toi ! »

Il est clair ici que la *valorisation* esthétique supplée la faille sexuelle. Car c'est de cela qu'il s'agit chez tous ces garçons que j'ai pris en exemple. Comment vont-ils, en effet, tenir leur rôle sexué ? Satisfaire les femmes ? Épater les copains dans une conformité qui sent parfois le conformisme ? Les filles ne sont bien entendu pas épargnées, quoique différemment. Chez elles, la valorisation esthétique joue son rôle au maximum et elle risque parfois de masquer, si elles sont très belles, des problèmes plus profonds. Il est certain, par exemple, que la traditionnelle passivité assignée à la femme dans le jeu social des relations amoureuses peut parfois rendre son désir moins évident. De toute façon, le mécanisme de réactivation de l'image de soi est évidemment le même et peut, chez la fille comme chez le garçon, devenir douloureux.
C'est ainsi qu'une entité au nom bizarre – la dysmorphophobie, qui signifie : la peur de présenter une anomalie morphologique – peut atteindre des proportions importantes à l'adolescence. Nous en avons vu un exemple chez le garçon, avec les « bras grêles » de Julien. En voici un autre chez la fille :

Claire est une jeune métisse très belle. Elle a une histoire compliquée. Sa mère, paysanne, l'a eue avec un Antillais qu'elle n'a pratiquement pas connu. Claire n'a donc de son père, à défaut du nom, que la couleur de la peau. Ses premières relations avec les garçons sont difficiles. Elle a beaucoup maigri, à la suite d'une déception amoureuse. Cet amaigrissement (dû en fait à une perte d'appétit) a entraîné au niveau du sein droit une très légère

> anomalie. La peau s'est en effet fripée, par disparition de certaines fibres élastiques, lui a-t-on expliqué. Claire « fait une fixation sur » ce défaut, qu'elle vit comme une tare irréparable. Dès qu'elle ira mieux, cette préoccupation disparaîtra complètement.

Le dysmorphophobe se voit comme un *écorché vif*. Non seulement sa peau habille un corps « difforme », mais encore elle est abîmée et laisse voir ce qu'il faudrait cacher, ou encore elle est comme la tunique de Nessus, cette tunique empoisonnée qui causa la mort d'Hercule dès qu'il l'eut revêtue.

Dysmorphose : difformité, dysphasie, dystrophie.

2

Croissance et puberté : ce qu'il faut savoir sur le plan médical[1]

On peut tenter de donner des réponses objectives aux inquiétudes des adolescents. Je dis « tenter » car, à l'adolescence en particulier, les explications les plus rationnelles ont souvent du mal à l'emporter sur l'angoisse qui affecte les modifications corporelles. Ainsi, par exemple, de l'apparition des règles et du développement des seins chez la jeune fille, ou de la taille de la verge chez le garçon : les réponses scientifiques peuvent être jugées insatisfaisantes, ou ne rassurer que momentanément.

D'autre part, les données médicales, bien qu'extrêmement précises à beaucoup d'égards, restent sur certains plans incomplètes : on ne sait toujours pas pourquoi, par exemple, la puberté se déclenche à tel moment et non pas à tel autre.

Enfin, dans le domaine de la sexualité – en ce qui concerne en particulier le sentiment d'appartenance à un sexe donné – les facteurs psychologiques, on l'a vu, priment sur la réalité biologique. Ce dernier fait est maintenant acquis, mais peut rester difficilement admissible pour certains.

Je vais donc tenter, modestement, de définir certaines frontières entre le domaine psychologique et le domaine médical.

1. Nous nous inspirons largement de l'ouvrage de Jean-Claude Job et Michel Pierson : *Endocrinologie pédiatrique et croissance*, 2e édition, Flammarion.

Croissance et déclenchement de la puberté

Si on ne sait pas *pourquoi* la puberté se déclenche à tel moment de la vie, on sait, en revanche, qu'il faut, pour que la puberté débute, qu'il existe une certaine *maturation de l'ensemble de l'organisme. On peut donc dire que croissance et puberté vont de pair.* Cela se vérifie par défaut, si je puis dire, puisque le cas d'un adolescent qui grandit sans se former, ou bien au contraire celui d'une puberté qui apparaît chez un enfant, évoquent tous les deux une maladie que l'on doit définir et soigner.
D'ailleurs, les préoccupations des adolescents d'aujourd'hui concernent peut-être encore plus le fait de grandir que la date d'apparition de la puberté. C'est pour toutes ces raisons que je parlerai également de la croissance ici.

Différenciation sexuelle et maturation sexuelle

Sur le plan biologique, il faut distinguer la *différenciation* sexuelle, c'est-à-dire l'évolution des organes génitaux de l'embryon vers l'un ou l'autre sexe (ce qui permettra la détermination du sexe), de la *maturation* sexuelle, mûrissement qui transforme des organes génitaux, déjà différents mais infantiles, en organes adultes. La *différenciation sexuelle* est normalement terminée au quatrième mois de la *grossesse*. C'est elle qui aboutit à des organes génitaux soit masculins, soit féminins, qui permettent de déterminer le sexe à la naissance. La *maturation sexuelle* ou puberté survient, elle, à l'adolescence.
Dans des cas très rares, ces deux mécanismes peuvent subir des altérations, sur lesquelles les médecins pourront agir. Pourtant, même si tout se passe dans les limites de la normale, l'adolescent s'inquiète : quel(le) adolescent(e) ne s'est pas posé la question

de la bonne conformation de son sexe ? Quel(le) adolescent(e) ne s'est pas inquiété(e) d'un retard de puberté ?
Au départ, l'œuf constitué par la pénétration du spermatozoïde dans l'ovule est déjà potentiellement sexué puisqu'il contient, soit deux chromosomes « X » pour les filles, soit un « X » et un « Y » pour les garçons. L'œuf va se diviser en 2, 4, 6, 8, etc. cellules pour former un embryon. Or, l'embryon va disposer rapidement d'organes génitaux primitifs qui sont indifférenciés, c'est-à-dire qui ont *toutes les potentialités* mâles et femelles. Mais, progressivement, le chromosome Y, pour le garçon, va sécréter une substance qui va provoquer le développement de la partie mâle de ces organes, tandis que la partie femelle va s'atrophier. Chez la fille, les mécanismes sont moins connus ; c'est en tout cas l'un des chromosomes X qui va induire la formation des organes génitaux.
Les hormones entrent, elles aussi, très vite en jeu. Les hormones sont des substances chimiques déversées dans le sang par les glandes. Dès qu'elles sont formées, la glande mâle (testicule) et la glande femelle (ovaire) vont chacune produire un type d'hormones qui va parachever la formation des organes génitaux.

Le mécanisme de la puberté

Si on ne sait pas exactement *ce qui* la déclenche, on sait, en revanche, *comment* se passe la puberté. À un certain moment, *les glandes sexuelles* déversent de nouveau des hormones (mâles ou femelles) dans le sang. Ces hormones vont provoquer l'augmentation du volume des testicules et de la verge ainsi que l'apparition des poils pubiens chez le garçon, tandis que, chez la fille, on voit apparaître d'abord l'augmentation du volume des seins puis l'apparition des poils.
Ce déversement des hormones obéit à une véritable réaction en *cascade*. En effet, si le testicule et l'ovaire se mettent à réagir, c'est qu'ils ont eux-mêmes reçu des hormones d'une autre glande, très

importante, appelée *hypophyse*. L'hypophyse, située à la base du cerveau, est une glande essentielle puisque non seulement elle commande toutes les autres glandes (pas uniquement les glandes sexuelles, puisque intervient aussi dans la puberté une glande située sur le rein), mais aussi qu'elle sécrète l'*hormone de croissance*, celle qui permet de grandir. Il existe d'ailleurs une interrelation entre toutes ces hormones. Par exemple, à petites doses, les hormones sexuelles stimulent la croissance, à fortes doses elles la diminuent.

Mais l'hypophyse est aussi en relation avec les centres nerveux qui la commandent à leur tour. C'est donc le cerveau qui dirige cette organisation complexe. Sans que l'on ait de preuve formelle chez l'homme, on peut cependant penser que le cerveau intervient dans la puberté, et il est prouvé qu'il agit dans la croissance (chez le pigeon, en revanche, on sait que la simple *vue* du congénère sexuel peut déclencher la maturation de la gonade). Or les centres visuels sont en connexion avec l'épiphyse, elle-même reliée à l'hypophyse.

Hermaphrodisme, transsexualisme, homosexualité

Je mélange volontairement dans ce titre des concepts qui n'ont de point commun... que la confusion qu'ils sèment parfois dans la tête de beaucoup de gens. La *différenciation sexuelle*, laquelle dépend des chromosomes, peut, dans des cas rarissimes, présenter des anomalies qui se révèlent soit dès la naissance, soit parfois seulement à la puberté et qu'on appelle l'*hermaphrodisme* (de la contraction d'*Hermès* et d'*Aphrodite*, dieu et déesse grecs). Il arrive donc exceptionnellement que le *sexe apparent*, celui qui compte pour l'officier d'état civil qui enregistre la naissance, soit différent du *sexe biologique* lié aux chromosomes sexuels. Le problème, encore une fois rarissime, mais intéressant à connaître, peut être dédramatisé avec l'aide des médecins qui ont l'habitude de la question. Mais les choses se compliquent encore, si je dis qu'à ces deux sexes (chromosomique et apparent) s'en ajoute un troisième qui est le *sexe psychologique.* Ce sexe psychologique, c'est-à-dire le sentiment d'appartenir à la classe des garçons ou à celle des filles, n'est pas aussi évident qu'il y paraît. C'est ce que démontre le *transsexualisme* qui est le sentiment, ou plutôt la conviction d'une erreur de la nature. Le transsexuel (masculin ou féminin) est persuadé qu'il appartient au sexe opposé bien que son *sexe apparent* soit parfaitement constitué et absolument normal. Cette conviction, *apparemment* délirante, ne s'accompagne pas forcément de troubles psychologiques importants. Mais le transsexuel vrai n'attend qu'une seule chose : que les chirurgiens le fassent changer de sexe, ce que des techniques éprouvées arrivent à faire. Il lui faut aussi convaincre les autorités de changer d'état civil, par l'intermédiaire d'une commission créée à cet usage. Certains transsexuels ont pu ainsi changer de vie, ce dont les médias se sont fait l'écho.

Le transsexualisme « prouve » la prééminence du sexe psychologique, lequel dépend avant tout de l'entourage et de l'éducation. Ce sexe psychologique, jusque-là *réversible*, se « fixe » aux alentours de la troisième année. Pour cette raison, que la conformation du sexe soit normale (dans le cas du transsexualisme), ou incertaine (dans les cas d'hermaphrodisme), le sexe est fixé par l'éducation. Évidemment, dans l'immense majorité des cas, les « trois sexes » – chromosomique, apparent et psychologique –, correspondent, mais il faut savoir que cette correspondance ne va pas de soi et qu'il n'y a pas de lien organique entre le sexe psychologique et les autres.

Encore différent est le problème de l'*homosexualité.* Ici, en effet, le sexe *biologique* correspond au sexe *psychologique* (qu'on appelle aussi *sentiment d'identité* sexuelle). Et quelle que soit l'attitude de l'homosexuel(le), caricaturant parfois les attitudes du sexe opposé, le sentiment d'appartenance au sexe propre, non seulement n'est pas dénoncé, mais est le plus souvent revendiqué. Ce qui est en question dans l'homosexualité, en effet, ce n'est pas l'*identité* sexuelle, mais l'*attrait* sexuel. Bien sûr, dans la mesure où cet attrait touche une personne du même sexe, cela signifie que l'homosexuel(le) *se comporte* non pas selon le caractère de son propre sexe, mais *copie* le sexe opposé, en « s'identifiant » à ce sexe opposé. Mais cette *identification*, évidente chez les homosexuels efféminés, et chez les homosexuelles viriles, ne l'est pas chez tous les homosexuels et ne touche pas, de toute façon, le sentiment d'*identité* sexuelle (voir p. 43 et 90).

Les transformations de la puberté chez le garçon

Elles commencent par l'augmentation du volume des testicules puis, dans l'ordre, par le développement de la verge, suivi quelques mois après par celui des poils pubiens qui précède celui des poils des aisselles et de la barbe.
Voici quelques chiffres qui jalonnent ces étapes :

Augmentation du volume des testicules : entre 10 et 13 ans
Augmentation de la taille du pénis : entre 11 et 15 ans
Apparition des poils pubiens : entre 11 1/2 et 15 ans 1/2

Croissance (vitesse de croissance moyenne) :
Première année de la puberté : 8,7 cm
Deuxième année : 6,5 cm

Ces chiffres ne sont que des *moyennes* : la *moitié* des individus se situe au-dessous de cette moyenne, l'autre *moitié* au-dessus. D'autre part, tout reste normal quand on se situe dans la *fourchette considérée*. Ajoutons quelques remarques :
– *La taille de la verge* est très variable selon les individus. Cette dimension est une source intarissable d'inquiétudes où la subjectivité l'emporte de loin sur toute objectivité. Tel adolescent, par

exemple, se plaindra d'avoir une verge trop petite alors qu'il n'en est rien. C'est que cet organe a une valeur *symbolique* (virilité, puissance) d'une importance telle que cette valeur peut être comparée à l'*organe réel* qui n'en est, si je puis dire, que le support.

– *La première éjaculation* se produit en général au milieu de la puberté. Elle se traduit le plus souvent par une pollution nocturne qui peut être mal vécue si l'adolescent n'en est pas prévenu. C'est de préférence au père de le faire.

– *Les aréoles* (ce petit cercle qui entoure le mamelon du sein) s'élargissent à la puberté. Ce phénomène peut s'accompagner d'un léger *gonflement mammaire* qui est normal.

– *La masturbation* peut être considérée comme un phénomène biologique puisqu'elle peut survenir de façon impulsive dans certaines pubertés précoces.

– *L'acné* est une « maladie » typique de l'adolescence puisqu'elle est due en partie à l'afflux d'hormones mâles. Elle se manifeste par : 1) une *peau grasse* (séborrhée), 2) des points noirs ou comédons, 3) des points blancs. Son mécanisme est à la fois hormonal et nerveux : les glandes sébacées, situées à la base des poils et responsables de la séborrhée, sont sous le contrôle des hormones mâles ; mais l'anxiété augmente la séborrhée par l'intermédiaire des hormones hypophysaires. Cela explique l'importance des facteurs psychologiques dans la guérison de l'acné. Signalons aussi que la sueur favorise la séborrhée, et qu'elle est aussi sous la dépendance des nerfs (sympathique et parasympathique), ce qui explique son déclenchement par les émotions [1].

Les transformations de la puberté chez la fille

Elles commencent par le développement mammaire. Celui-ci débute par une surélévation des mamelons, suivie d'un élargisse-

1. D'après *Précis de dermatologie et vénérologie*, Masson.

ment des seins, puis de l'augmentation du volume de la glande. Les poils pubiens apparaissent quelques mois après, précédant la pilosité des aisselles.
Voici les chiffres :

Augmentation du volume des seins : entre 9 et 13 ans 3/4
Apparition des poils pubiens : entre 9 1/2 et 14 ans

Croissance (vitesse de croissance moyenne) :
Première année de la puberté : 7,5 cm
Deuxième année de la puberté : 5,5 cm

Ajoutons ces remarques indispensables
– *Le développement des seins*, première manifestation de la puberté, est souvent *unilatéral ou asymétrique* : il s'agit là d'un phénomène normal.
– *Un léger écoulement* blanchâtre par la vulve (leucorrhée) est fréquent au moment où se développent grandes lèvres et petites lèvres.
– *Les premières règles* surviennent en général de 1 à 3 ans après le début de la puberté. En outre, un intervalle de *plusieurs mois* est fréquent entre la première et la deuxième menstruation. Enfin, il arrive que les premières règles soient très retardées sans que cela constitue une anomalie.

Les retards de croissance

Le *retard de croissance* est pratiquement toujours associé avec le retard pubertaire. Comme il peut intervenir *avant* la puberté et qu'en cela il peut inquiéter le futur adolescent, j'en parlerai à part, d'autant qu'il ouvre des perspectives psychosomatiques passionnantes et, une fois n'est pas coutume, scientifiques.
C'est au *pédiatre* de déterminer s'il y a retard de croissance, c'est-

"La plus délicate des transitions, l'adolescence, le commencement d'une femme dans la fin d'un enfant."
Victor Hugo.

à-dire un écart significatif avec la norme statistique de l'âge, en se fiant également à l'âge osseux (caractérisant l'état des « cartilages de conjugaison », parties situées aux extrémités de l'os, par lesquelles celui-ci s'allonge), l'hérédité et la vitesse de croissance. Ensuite, c'est à lui de rechercher l'une des maladies responsables du blocage de la croissance. Quand une cause de ce type a été diagnostiquée et supprimée, la croissance s'accélère, et surtout *rattrape son retard.*

Lorsque aucune cause médicale n'est retrouvée, on parle de *retard essentiel* dont il faut distinguer deux sortes : le retard simple et la petite taille « constitutionnelle » (c'est-à-dire normale dans le milieu familial considéré).

Y a-t-il un facteur psychosomatique dans le retard de croissance ?

Outre les hormones, plusieurs facteurs interviennent dans la croissance. Ce sont : l'*hérédité*, l'*alimentation* et... l'*ambiance affective*.

– *L'hérédité* : chaque parent intervient pour 50 % dans la taille de l'enfant. La taille dépend de trois gènes dont l'un est situé sur le chromosome sexuel X (ce qui explique la ressemblance de certains fils avec leur mère et de certaines filles avec leur père !). L'augmentation de la taille de chaque génération, appelée « croissance séculaire », montre que d'autres facteurs (comme l'alimentation) ne limitent plus la croissance et que le « potentiel génétique de l'espèce humaine approche de sa réalisation [1] ».

– *L'alimentation* montre son influence, hélas, par la négative : la sous-alimentation entraîne un retard global. Elle agit autant par la qualité que par la quantité (c'est-à-dire l'*équilibre*).

– *L'affectivité*, enfin, a prouvé relativement récemment son importance. Des pédiatres, en effet, se sont aperçus que certains enfants

1. Jean-Claude Job et Michel Pierson, *op. cit.*, p. 14.

retirés à leur famille, en général pour des raisons sociales, et présentant une petite taille se mettaient à grandir à l'hôpital ou dans une famille d'accueil. Remis dans leur famille, les enfants s'arrêtent de grandir, tandis qu'une nouvelle séparation fait redémarrer la croissance. Ce fait clinique assez extraordinaire est raconté par le Dr Léon Kreisler dans son livre *Le Nouvel Enfant du désordre psychosomatique*, où il cite en particulier les travaux du Pr Rappaport et de G. Raimbault. Il n'a reçu qu'il y a peu de temps l'explication de son mécanisme. On s'est en effet aperçu, en dosant dès le premier jour de la séparation l'*hormone de croissance*, que les taux de celle-ci étaient effondrés. Mais « *fait remarquable, l'administration d'hormone n'influençait pas la croissance si l'enfant restait soumis aux conditions familiales traumatisantes* ». De plus, ces enfants présentent constamment des troubles du sommeil. Or, on s'est rendu compte que l'hormone de croissance était sécrétée par l'hypophyse durant la phase de sommeil dit *lent* ou *profond*. A. Guillaume, cité par L. Kreisler, a montré chez une fillette victime de rejet de la part de sa mère une quasi-disparition des phases du *sommeil profond*. Le sommeil est caractérisé par l'enregistrement électro-encéphalographique par deux types d'ondes : le sommeil paradoxal (celui des rêves) et le sommeil lent plus ou moins profond. Les deux types de sommeil se succèdent plusieurs fois au cours d'une même nuit.

J'ai rappelé, à propos de la puberté, la relation en chaîne entre le cerveau – l'hypothalamus – l'hypophyse, les glandes sexuelles. Ici, en ce qui concerne la croissance, la relation commandée par le cerveau passe par les mêmes intermédiaires mais on a, avec le dosage de l'hormone de croissance, la « preuve » de l'influence du cerveau sur le fait de grandir. On est donc en droit de supposer, cette fois-ci par extrapolation – mais l'observation parle d'elle-même –, qu'un mécanisme du même genre joue pour les troubles pubertaires, au premier rang desquels l'absence de règles chez la jeune fille (aménorrhée) dont on sait la sensibilité extrême aux facteurs psychologiques.

Les retards pubertaires

Il existe plusieurs sortes de retards pubertaires. Ici aussi je n'insisterai pas sur les maladies *organiques*, c'est-à-dire liées à une cause physique. Le *retard pubertaire* est beaucoup plus fréquent chez le *garçon* (75 garçons pour 17 filles), il est *global* (taille, âge osseux, puberté) et enfin il peut témoigner d'une *maladie inapparente* : c'est dire l'importance du bilan médical avant de parler de cause psychologique.

Fabrice vient consulter un psychologue parce qu'il n'a pas de camarades. Les adolescents de sa classe se moquent de lui. Fabrice est persuadé que c'est parce qu'il n'a pas encore de poils sous les bras. D'ailleurs, pour prouver l'importance de ce retard, il écarte subitement un pan de son tee-shirt pour montrer à quel point l'*aréole* de son sein est ridiculement infantile. Il n'aura pas l'occasion de revenir : entre-temps les médecins ont découvert un diabète et il est hospitalisé pour explorations.

Cet exemple indique à quel point les problèmes physiques et psychiques sont *intriqués*. Fabrice n'a pas parlé au psychologue des signes physiques qui ont fait soupçonner le diabète (augmentation de la soif et de la faim ainsi que du volume de l'émission urinaire) et il pense, une fois à l'hôpital, que « tous ses problèmes venaient de son retard pubertaire ».

Chez la fille, la grande responsable du retard pubertaire, c'est l'*anorexie mentale*, qui est une maladie de l'adolescence. Elle touche l'appétit, qu'elle supprime insidieusement, et entraîne secondairement une « insuffisance hypophysaire fonctionnelle ». Cela veut dire que la sécrétion d'hormone se tarit « naturellement » avant tout à cause de l'absence d'alimentation et sans doute sous l'effet d'autres mécanismes psychosomatiques, lesquels sont probablement prédominants dans la non-apparition des règles ou aménorrhée primaire, qui est un retard d'apparition des règles *sans cause organique* et *malgré une puberté normale* (voir ci-dessous).

Quelques anomalies qu'il convient de dédramatiser

"Transformer l'inconnu en connu." J. Green.

– *L'ectopie testiculaire* ou absence de « descente » des testicules. Le testicule reste « coincé », soit dans l'abdomen, soit au niveau de l'aine. Cette anomalie est assez fréquente. Le traitement est soit hormonal, soit chirurgical (à ne pas confondre avec le testicule oscillant ou rétractile).

– *Malformation de la verge*. La verge se forme chez l'embryon par la fusion de deux bourrelets. Il arrive, assez fréquemment, que ces bourrelets ne fusionnent pas complètement et que l'émission de l'urine, au lieu de se faire par l'extrémité du gland, se fasse par en dessous. Le traitement est chirurgical.

– *Développement des seins chez le garçon* (gynécomastie). Il peut dépasser les limites de la normale. Il s'agit d'une anomalie mineure qui peut avoir une grande importance psychologique.

– *Phimosis* : rétrécissement du prépuce qui gêne l'érection et la rend douloureuse. Une petite intervention résout le problème.

– *Troubles des règles* : ils sont très fréquents. Il peut s'agir de :

• *dysménorrhées* ou douleurs menstruelles : douleurs plus ou moins violentes accompagnant ou précédant les règles, dans le ventre ou les seins, durant de quelques heures à quelques jours. Ici aussi, il faut rechercher une cause médicale avant de parler psychologie ;

• *irrégularités de rythme* : elles sont *normales* à l'adolescence et cela pendant deux ans ;

• *aménorrhée* ou absence de règles. Elle peut être primaire et s'installe dès la puberté, ou secondaire après une première menstruation. Là encore, il faut faire pratiquer des examens mais on a

déjà vu des jeunes filles normalement pubères ne pas « voir » leurs règles avant vingt ans !
En dehors des maladies physiques ou de l'anorexie mentale, on ne peut pas ne pas penser, là aussi, à un mécanisme psychosomatique.

3

Le regard de l'autre et ses menaces

Avant de constituer ses propres normes, en particulier sexuelles, l'adolescent est confronté à toutes sortes d'*idéologies* qui l'influencent plus ou moins consciemment. Celles de la famille bien sûr et avant tout, mais aussi celles de la « société » telle qu'elle apparaît par exemple dans les médias, les unes s'opposant aux autres (ou les renforçant) et vice versa. L'adolescence en tant que telle n'échappe pas à ces courants, car l'intérêt pour l'adolescence est un trait de notre société. Je ne pense pas que les adolescents s'en portent plus mal ; bien au contraire, l'accent mis sur leurs difficultés ne peut que les aider. Cependant, des idéologies diverses et variées infiltrent les ouvrages les plus sérieux et celui-ci ne pourra pas y échapper, à cette différence près qu'ici elle est dite (car la seule chose qu'on soit en droit de reprocher à une idéologie, c'est de ne pas se nommer).
Les exemples sont bien entendu innombrables. Celui de la masturbation vient tout de suite à l'esprit. On sait que l'idéologie religieuse en a fait le « crime d'Onan ». Or ce crime, en fait, correspond au non-respect par Onan de la règle du lévirat, à savoir « continuer la descendance de son frère mort » en couchant avec la femme de celui-ci. Onan, nous dit la Bible, s'y déroba et pour cela « jeta sa semence en terre ». D'où le *déplacement* opéré par les religieux : du *moyen* utilisé par Onan, on fait une *fin* que l'on condamne comme telle. Ensuite une idéologie (pseudo) médicale

a voulu faire de la masturbation l'origine de toutes sortes de maladies dites nerveuses. Là encore, parce qu'on avait observé des masturbations compulsives chez des malades nerveux enfermés, on a voulu faire une cause de la conséquence ! De nos jours enfin, une idéologie psychologique se servant de la psychanalyse tend à reprocher à la masturbation de « déstructurer », voire de conduire à une solitude qualifiée de narcissique, alors que ce serait plutôt l'inverse, ladite solitude conduisant à la pratique du même nom.

Ces *idéologies* diverses, qu'il n'est pas dans mon propos d'étudier ici, sont l'équivalent pour la collectivité des *idéaux individuels* qu'elles ont pour tâche de représenter et de relayer. Les uns et les autres sont indispensables. Mais, à l'adolescence, l'*idéal* n'est pas encore reconnu comme personnel. Ou, s'il est reconnu comme tel, il reste encore fragile, ce qui ramène au cas précédent : un manque de confiance en soi et, corrélativement, une plus grande perméabilité aux influences extérieures, c'est-à-dire, en tout premier lieu, aux idéologies. Souvent les adolescents sont conscients de la fragilité de leurs défenses. Du coup ils se méfient des adultes. Malheureusement, parfois, cette méfiance est globale et les conduit à s'en remettre aveuglément au jugement de leurs pairs, voire – c'est le phénomène des bandes – à s'aliéner dans un groupe où la contrainte est bien plus sévère que celle à laquelle ils tentent d'échapper. Bref, ils cherchent à l'extérieur ce qu'ils n'ont pas encore trouvé en eux-mêmes.

Ce mécanisme, qui n'est pas spécifique aux adolescents, ne fait que traduire une angoisse devant des choix prématurés. Ces choix sont eux-mêmes imposés très souvent par l'anxiété des parents. Anxiété – faut-il le dire – parfaitement légitime, mais le plus souvent elle-même héritée et donc inconsciente. C'est ainsi que les adolescents se croient « obligés » de trouver un partenaire, même si c'est prématuré. Sans cela, ils ont l'impression de ne pas être « normaux », même si on leur affirme le contraire. C'est qu'il existe une véritable contrainte inconsciente à l'émancipation, contrainte

" Une grande aventure qui soit digne d'être vécue : un grand amour."

à laquelle tout le monde, parents et adolescents, obéit souvent sans le savoir.

La morale sexuelle et ses fluctuations

Même si elle semble dépassée, surmontée, voire abolie, la morale reste avant tout *sexuelle*. Elle est vécue comme la préoccupation des parents, des éducateurs, bref des adultes. Elle demeure, quoi qu'on en dise, l'impératif absolu. On la retrouve peut-être moins chez les parents en tant que personnes que dans les idéologies qui pèsent sur eux sans qu'ils veuillent se l'avouer.

La meilleure « preuve » – s'il en fallait – de cette assertion est l'immense revirement qu'a fait subir à la morale commune la découverte des moyens anticonceptionnels. Ce qui était impensable à l'époque héroïque du *coïtus interruptus* (moyen anticonceptionnel consistant à suggérer au partenaire masculin de se retirer avant l'éjaculation) ou de la méthode Ogino (méthode contraceptive basée sur la courbe de température permettant de repérer la période de l'ovulation) est devenu très rapidement monnaie courante. Et, une chose entraînant l'autre, l'accueil du (de la) petit(e) ami(e) sous le toit familial est devenu, lui aussi presque banal.

Tandis que certains parents, à cette époque héroïque, avouaient carrément leurs craintes, d'autres se retranchaient derrière une *idéologie*, qui est devenue caduque.

La norme et le sexe

Cela dit, et quelles que soient les modes, l'angoisse normative continue de toucher *tous* les domaines de la sexualité et par conséquent *tous* les adolescents et leurs parents.

J'ai déjà soulevé le problème de la *masturbation*. (J'ajoute cependant qu'un certain type de masturbation exhibitionniste doit

«Nous acquérons par l'éducation des connaissances éphémères et des répugnances tenaces.» (Jean Rostand, «Pensées d'un biologiste»).

inquiéter les parents qui y participent contre leur gré.) Mais que dire à ces adolescents qui ont « le complexe d'être puceau » ? Comme si la norme – et c'est souvent le cas – avait été inversée sans prévenir les intéressés ! Inutile d'insister aussi sur l'*orientation sexuelle*, que l'inquiétude des parents peut elle-même influencer. Les adolescents prennent souvent le relais de ces inquiétudes. Et même s'ils sont sûrs de leur choix, ils s'inquiètent : « Suis-je vraiment un homme – une femme ? »
Voici un exemple relativement fréquent chez les filles, car il concerne les relations importantes de celles-ci avec leur père.

> *Hélène* a 14 ans, elle est en quatrième, sans problèmes scolaires. Mais ses parents la trouvent « invivable » en ce moment. Voici son problème : on l'a toujours considérée comme un *garçon manqué*. Elle joue au foot tous les soirs. Le week-end, elle reste seule et écoute de la musique dans sa chambre. Elle souffre énormément de cette *image* qui lui colle à la peau comme la tunique de Nessus. « Je suis un garçon manqué ! » affirme-t-elle, les larmes aux yeux. « Je n'ai pas de copines ; elles me considèrent comme un garçon et elles se taisent quand j'arrive. » L'une d'elles lui a même dit l'autre jour « qu'elle n'avait qu'à changer de sexe ! ». Hélène se débat seule avec ce problème. Les parents font pourtant tout pour l'aider, mais ils se sentent impuissants. Voici le rêve qu'elle raconte : « Je suis un garçon dans un grenier, je sais que si j'ouvre une porte, je redeviendrai une fille, mais je ne sais laquelle ouvrir. » Elle sera considérablement soulagée par un premier entretien avec une psychologue.

Ce rêve ressemble à un conte de fées, qui, comme tel, imite un cauchemar. L'idée d'un maléfice est patente et indique que le problème ne peut se résoudre que par quelqu'un d'extérieur au milieu familial. C'est ce qui va se passer extrêmement rapidement puisque, après avoir parlé à une psychologue, Hélène, détendue, a pu très rapidement trouver une copine. Mais cette adolescente a tout de même vécu un drame. Le véritable *sadisme* des autres

Auto-érotisme (1916, H. Havelock Ellis, 1898).
Érotisme qui prend sa source dans le sujet même, et non dans une relation d'objet.
L'auto-érotisme est une manifestation normale de la sexualité infantile.

adolescents à son égard s'explique en fait par leur angoisse devant ce problème qui les confronte à leur propre image.
Tout différent, mais suscitant les mêmes réactions chez les autres, est le cas de Vincent, 16 ans.

> *Vincent* s'est toujours senti une fille, aussi loin que remontent ses souvenirs. Bien que garçon normalement constitué, son aspect prête à équivoque : une voix haut perchée, un début de gonflement des seins le font souvent prendre pour une fille. Cependant des vêtements masculins, des cheveux encore courts laissent subsister le doute. Au lycée, la situation devient rapidement intolérable, les garçons le traitent d'homosexuel, ce que Vincent ne supporte pas car ce n'est pas son problème. Le milieu familial, désorganisé, l'accepte de plus en plus mal, d'autant qu'en l'absence d'homme à la maison, Vincent prend la place du père et veut tout régenter. Placé dans une institution tolérante, il va affirmer de plus en plus sa conviction transsexuelle. Il se fait appeler par un prénom féminin, se maquille, laisse pousser ses cheveux. Paradoxalement, les autres garçons – les filles sont fascinées – le supportent beaucoup mieux depuis qu'ils ont moins l'occasion de douter.

L'inquisition du regard et l'identification sexuelle

Ces deux exemples sont fort différents : Hélène ne supporte pas qu'on la prenne pour un garçon, Vincent lui, voudrait qu'on le traite comme une fille. La différence est de taille. Pour Hélène, en effet, même s'il est cruel, le problème est relativement superficiel : fondamentalement, au fond d'elle-même, comme on dit, elle se sent femme et vit très mal cette attitude garçonnière qu'elle *s'impose à son insu*. Ce comportement était relativement bien supporté dans l'enfance, mais sa *réactivation* à l'adolescence devient intolérable *à cause du regard des autres*. Vincent, au contraire, se sent fille depuis toujours. À la puberté, il supporte *encore moins* son sexe de

garçon qu'il trouve monstrueux, aussi accepte-t-il parfaitement que les garçons le voient comme une fille.

Ces problèmes de sexuation illustrent la répétition du stade du miroir. C'est en effet à ce stade, quand le regard de la mère est le premier regard extérieur, que se constitue l'*identité* sexuelle. Cette identité signifie que le *sexe* anatomique est *identique* au *sentiment* d'appartenance à un sexe ou à un autre. Étant donné la fixation précoce de cette identité, on peut dire qu'elle est le fait des parents. *L'identification* est un peu différente. Elle suppose que le sujet prend *une part active* à cette identité, qu'il *choisit* de *s*'identifier à l'un ou l'autre sexe. Ce choix, qui n'en est pas vraiment un, se fait soit par désir d'imiter la personne qu'on admire (le père, la mère), soit au contraire par nostalgie, pour ne pas la quitter. Ainsi Vincent, transsexuel, a hérité d'une identité féminine qu'il n'a pas choisie mais qu'il ne peut remettre en cause et qu'il accepte. Hélène, au contraire, se sent fille et souffre d'un comportement garçonnier qu'elle adopte inconsciemment.

L'avenir confirmera l'identification féminine de Vincent, tandis qu'Hélène deviendra rapidement une « vraie » femme. On comprend que l'angoisse liée à ces étapes visibles par tous puisse être aggravée par la sévérité du regard d'autrui, lui-même inquiet quant à sa sexuation.

Rougissement et tics, pudeur et honte

□ La honte

Il est incontestable que la honte prend, avec l'adolescence – c'est-à-dire avec des désirs réalisables à la différence des désirs de l'enfance –, de nouvelles proportions. La honte n'entre pas dans les catégories de la psychanalyse. Freud conseillait de la laisser au vestiaire et de la reprendre en sortant du cabinet du psychanalyste. C'est que la honte a une dimension *sociale* – c'est même l'« angoisse sociale » par excellence, comme la nomme le psychanalyste hongrois Imre Hermann – et qu'en tant que telle, elle gêne le dialogue analytique. Comme tout ce qui touche à ce qui est *social*, la honte a un rapport indirect avec ce qui est vu, et elle entraîne le réflexe de se cacher. La *pudeur*, elle, concerne ce qui peut être vu, au propre comme au figuré, mais sans faire intervenir forcément la culpabilité liée au désir. Elle apparaît fréquemment à la puberté et dépend étroitement de l'éducation. Souvent, cependant, même dans les milieux où il n'y a pas de pudeur exagérée, les adolescents se cachent des parents à la puberté. Le cas de François est un peu particulier.

> *François* – raconte sa mère, une sage-femme qui n'a pas peur des mots – s'habille et se déshabille *dans son lit* depuis les premiers jours de sa puberté. Pas question qu'il laisse voir quoi que ce soit. Il parle facilement cependant. L'autre jour, par exemple, il avait un bouton sur la verge et en parle à sa mère. Celle-ci, j'imagine, a dû demander à voir ; toujours est-il qu'entrouvrant sa braguette, avec force précautions, François lui laisse voir uniquement la partie boutonneuse de l'organe ! Inutile d'insister, je pense, sur la complexité des relations mère-fils et sur l'intrusion de la maman. Le comportement de celle-ci entraîne une véritable paralysie chez François. François aime sa mère, mais quand elle est trop proche, trop « sur lui » comme on dit, cela provoque chez lui de véritables bouffées de haine. Il faut savoir que la « bonne » mère est celle qui sait garder ses distances. Si elle se rapproche trop, la même mère devient « mauvaise » parce que intrusive et possessive.

Si la pudeur peut entraîner de tels comportements, la honte, elle, peut entraîner de véritables réactions *psychosomatiques* (influence du psychologique sur le corps – *soma* en grec).

□ Le rougissement, réaction psychosomatique

Sa signification est complexe. Il peut s'agir en effet de cacher en montrant (ou l'inverse). Il est à ce moment-là déclenché par n'importe quelle remarque faite au sujet qui croit sans même y penser... que l'autre peut penser à quelque chose de sexuel par exemple. C'est un mécanisme fréquent à l'adolescence puisqu'il intègre le regard (supposé) de l'autre. Habituellement le rougissement est l'expression physique de la honte.

Patrick se plaint de troubles « vaso-moteurs » c'est comme cela qu'il qualifie son rougissement. Il a consulté des psychiatres et a même fait du psychodrame. Tout est venu des problèmes de sa sœur qui a été hospitalisée pour anorexie mentale, maladie de l'appétit dont nous parlerons p. 150. Depuis, il se sent différent des autres. Il était en fait très attaché à cette sœur. Ce rougissement le prend n'importe où, pour n'importe quelle raison. Cela devient tellement insupportable qu'il a abandonné le lycée.

Un tel symptôme, en effet, peut en entraîner un autre : la *peur de rougir*. Cette peur, ou *phobie* de son nom grec, peut devenir invalidante quand le sujet, pour éviter le symptôme, évite systématiquement les lieux et situations où ce symptôme pourrait se produire. Le lycée est un de ces lieux de choix. Cela explique beaucoup de cas d'absentéisme scolaire, qu'on appelle par extension *phobie scolaire* et qui relève d'explications plus complexes que le symptôme phobique lui-même.

□ Les tics

Il s'agit d'un comportement psychomoteur automatique reproduisant un mouvement *élaboré* mais stéréotypé (toujours identique). Le tic a été étudié psychanalytiquement par Mélanie Klein. Elle a montré comment la suppression radicale de la masturbation avait pu entraîner, dans un cas, l'apparition d'un *tic* important et gênant.

En fait, comme l'indique mal le terme *psychosomatique*, qui suppose un lien entre psychisme et corps, lien qui est en réalité indirect, le sens d'un tic est rarement retrouvé. Par définition, en effet, ce sens a été *oublié*. Reste un comportement gênant, inexplicable qui produit des effets comiques entraînant honte et rage chez l'intéressé. Bref, et en s'en tenant à un point de vue superficiel, le tic, comme le *rougissement*, montre pour cacher et cache pour montrer.

Julien, déjà cité, raconte comment des myoclonies (mouvements spontanés et rythmiques de la paupière) sont devenues un véritable tic. Il s'est rendu compte que ces myoclonies étaient apparues après un rêve érotique dans lequel il commettait l'inceste avec sa mère. Ce rêve a été important pour lui et, sitôt raconté, le tic a disparu.

Mais ce cas est exceptionnel. La plupart du temps, la force de l'habitude, une certaine prédisposition en rendent le traitement difficile.

Rejet, exclusion, solitude

Jamais autant qu'à l'adolescence le regard ne prédomine donc avec cette acuité. Aussi bien, c'est lui qui devient l'*agent discriminateur* entre adolescents. Non seulement le *look* acquiert une importance indéniable chez la plupart, mais, chez les autres, sympathies et antipathies procèdent très souvent du même ordre de superficialité. Je ne pense pas ici être de parti pris, d'ailleurs les adolescents le reconnaissent eux-mêmes et sont soulagés de pouvoir en *parler*. C'est que la parole a d'autres avantages (elle va au-delà des apparences), mais aussi des inconvénients (elle engage plus) qui expliquent qu'à cet âge on lui préfère le regard. Ce type de discrimination visuelle entraîne des ségrégations douloureuses. Déjà, en famille, un certain sentiment d'exclusion peut naître dans la tête du jeune, à partir de remarques anodines en apparence.

> *Patricia*, 12 ans 1/2, est élevée seule par sa mère avec qui elle a eu jusque-là des relations idylliques. Très précoce et très douée en musique, Patricia a pleinement comblé sa mère, elle-même musicienne. Malheureusement, cette mère, elle-même en traitement, a mal supporté la puberté de sa fille ; elle lui fait une remarque un peu maladroite du genre : « Maintenant, tu ne seras plus ma petite fille comme avant. » Cette remarque a profondément bouleversé Patricia qui n'a pu en parler sur le moment. Il a fallu plusieurs consultations pour que le dialogue se rétablisse, mais cet épisode restera une date, celle du début de l'adolescence pour Patricia.

Plus graves sont les exclusions dans le milieu scolaire. Leur mécanisme est pourtant simple, mais évidemment méconnu des intéressés. Une classe forme un *groupe* qui obéit à certaines lois. Ainsi l'intégration se fait automatiquement entre camarades qui se reconnaissent entre eux. Arrive un nouveau : celui-ci subit de la part du groupe une classique période de mise à l'épreuve. S'il y a un problème chez le nouveau (ou si les milieux sociaux sont très différents par exemple), celui-ci se fera rejeter de façon d'autant plus sadique qu'il cherche à tout prix l'intégration. C'est que le groupe supporte mal la *différence*, aussi superficielle soit-elle. Si l'on interroge les membres d'un tel groupe, ils protesteront de leur bonne foi, voire de leurs bonnes intentions : c'est pour faire réagir le nouveau ou l'exclu qu'ils le tarabustent, ce n'est nullement par méchanceté ! En fait, surtout s'ils ressentent des affinités avec le nouveau venu, les membres du groupe ont bien trop peur d'être exclus eux-mêmes. Seule l'intervention du chef (ou *leader* dans la terminologie psychologique) de ce groupe, ou celle de l'adulte, peut faire quelque chose pour l'intrus. À condition, évidemment, que ce dernier veuille bien en parler.

Ce genre de phénomène entraîne en tout cas bien des crises de « cafard », parfois même, dans certains cas, une véritable pathologie dont la cause réside dans le milieu scolaire et *doit être recherchée à tout prix*. Le plus souvent, l'adolescent s'est muré dans sa solitude, j'allais dire « tout simplement », tant ce problème est fréquent à l'adolescence. Le fait de pouvoir parler, par le truchement d'un spécialiste, apportera alors un énorme soulagement à un état qui aurait pu devenir dangereux.

" Les adolescents écartelés entre l'appel de la Chair et la terreur du Péché." André Maurois. 1885-1967.

" Cet infantilisme d'esprit lui donne la sorte de sottise qu'a un potache de seize ans."
Henry de Montherlant. 1895-1972.

" L'âme se replie et se recèle en elle-même."
Chamfort.

II

DU PASSÉ AU PRÉSENT : LES RISQUES DE LA RENCONTRE DE L'AUTRE

La lecture de la première partie a pu donner l'impression que tout était joué dès les toutes premières années, ce qui attribuerait une importance, donc une responsabilité considérable à la mère qui, généralement, à cette période de la vie, s'occupe de l'enfant plus que le père. Les choses sont plus complexes que cela.
Même si la toute première relation avec la mère est essentielle, la mère n'est jamais « seule », car même dans les cas où elle se trouve dans cette situation, le poids de l'absent n'en est que plus fort. De toute façon, avant que le père n'intervienne en tant que tel dans la vie de l'enfant, il est présent dans le comportement de la maman. Cette évidence en introduit une autre, à savoir qu'un enfant provient de deux géniteurs qui ont chacun une histoire. L'enfant se trouve donc confronté à ces deux personnes – c'est le complexe d'Œdipe, qui est *réveillé* à l'adolescence – mais aussi à leur histoire. L'enfant se sent en effet – à juste titre – le produit de cette *union* de deux familles différentes. Or, à la faveur de la puberté, cette nouvelle naissance, *l'adolescent s'interroge sur ses origines*. Ce faisant, il va tenter de mettre des mots, des dates, des explications sur des *souvenirs* vagues, des *images* floues, bref, sur un *vécu* parfois énigmatique. Pour peu que l'un des parents ait disparu, ou que l'enfant ait été adopté, ou encore ait été conçu à l'aide des techniques modernes, cette recherche prendra une coloration différente.

La remise en question des parents par l'adolescent passe donc par des demandes d'explications sur ce qui a été dit (ou non) à l'*enfant*. Là encore, une grande partie des difficultés de cette période s'expliquent par cette interrogation différée et j'essaierai de montrer, grâce à des exemples, à quel point le *secret* maintenu sur les origines – c'est-à-dire ce qui a présidé à la naissance – peut peser sur l'adolescent. À l'inverse, des situations complexes – voire dramatiques – ne semblent pas perturber outre mesure des jeunes qui « l'ont toujours su » plus ou moins consciemment.

Le rôle des frères et sœurs dans cette quête est très important et dépend plus ou moins de l'ordre d'arrivée dans la fratrie. La *position* de chaque enfant, en effet, est unique à cause non seulement de la différence de chaque patrimoine génétique, mais aussi de l'*histoire* particulière de chacun. De plus, les cadets bénéficient de l'expérience des parents, mais aussi de celle des aînés qui peuvent *faire le relais*.

Ainsi, la découverte de l'autre, qui résume le caractère éminemment *social* de l'adolescence, passe d'abord par la découverte du passé. Il est même sûr que la véritable frénésie de rencontres de toutes sortes qu'on observe chez certains correspond à une recherche inconsciente d'un passé tenu secret ; quel n'est pas alors l'étonnement des parents quand ils se rendent compte, au choix du partenaire par exemple, que leur adolescent *reproduit* à s'y méprendre le comportement de tel ascendant radié du clan familial. En tout cas, il existe entre le hasard des rencontres et la prégnance du milieu d'origine un rapport évident. Traditionnellement, la crise de l'adolescence cherche à casser ce rapport, et il est vrai que plus le milieu en question cherche à retenir son rejeton, plus il a de chances de le perdre. Néanmoins, même dans ce cas extrême, des affinités parfois subtiles se révèlent dans le choix que fait l'adolescent.

De toute façon, l'une des causes de l'adolescence (avec la puberté) est une véritable *contrainte à l'émancipation*. Cette contrainte, pratiquement universelle dans nos sociétés, fait office

de loi. Une loi – littéralement – paradoxale puisqu'elle contraint l'adolescent à devenir autonome sans qu'il/elle en ait les moyens. De nos jours, en effet, des contraintes matérielles de toutes sortes prolongent la cohabitation. On peut donc se demander si cette contrainte à l'émancipation ne vise pas, en fait, à conjurer cette situation, conflictuelle par essence.
Cela dit, chaque rencontre débouche sur l'inconnu qui, avec des angoisses et des joies, en apprend chaque jour davantage... sur soi-même.

" Chacun exerce sur chacun des attractions et des répulsions." Guy de MAUPASSANT.

1

À la découverte du passé : des prises de conscience difficiles

Cette contrainte à l'émancipation explique sans doute que l'adolescent jette un regard nouveau sur ses parents. Déjà avec l'école communale, la confrontation avec les autres obligeait l'enfant à comparer, à se situer, pour finalement *s'identifier* à son milieu familial. Il lui faut maintenant *se détacher* et, chose cruelle, à la demande même des parents aimés. Si j'insiste volontairement sur cet aspect apparemment mineur, c'est qu'il explique, peut-être, bien des réactions de *dépit* à l'origine de contestations artificielles. Le problème n'est pas simple. Mais si j'ajoute que, du côté des parents – souvent du côté de la mère pour le garçon, de celui du père pour la fille –, pousser son enfant à s'émanciper se fait plutôt à contrecœur, je compliquerai encore la question. Évidemment, il est simpliste de dire qu'il s'agit là d'une *séparation* plus symbolique que réelle, dans la mesure où il n'est jamais agréable de se séparer, même au figuré.

La reprise et l'abandon du « roman familial »

Jusque-là, même sans conflit apparent, l'enfant avait un bon moyen de *prendre ses distances* avec ses parents : il « s'inventait » de nouveaux parents. Freud a créé pour désigner ce phénomène l'expression « roman familial », laquelle désigne des fantasmes par lesquels le sujet modifie imaginairement ses liens avec ses parents : il imagine qu'il est né non de ses parents réels mais de parents prestigieux, ou bien d'un père prestigieux, et il prête alors à sa mère des aventures amoureuses secrètes, ou encore il est lui-même enfant légitime, mais ses frères et sœurs sont des bâtards. Pour Freud, de tels fantasmes se rattachent au complexe d'Œdipe, qui est réveillé à l'adolescence[1].

Qu'est-ce qu'un *fantasme* ? C'est un scénario imaginaire auquel on a besoin de croire pour supporter une certaine réalité. Pour Freud cette réalité est la situation œdipienne et il est plus facile de fantasmer sur les parents qu'on imagine inconnus que sur ceux que l'on côtoie. Ces scénarios, qui les concernent malgré tout, semblent cependant à l'opposé des parents réels.

Le complexe d'Œdipe, que je tenterai d'expliquer plus loin, est réactivé à l'adolescence. Pourquoi ? Parce que les premiers émois imaginaires de l'enfance – « plus tard je me marierai avec maman (papa) » – sont arrivés à échéance. Il n'empêche que, si l'on croit à la sexualité infantile, on peut encore moins nier la sexualité pubertaire. L'acte sexuel devient réalisable et les géniteurs aimés sont toujours là. Que se passe-t-il alors ? La sexualité devient de la tendresse, nous dit Freud, mais elle est toujours présente. C'est pourquoi il faut prendre des distances. Le réveil du complexe d'Œdipe entraîne donc celui du roman familial pour parer à ce que le complexe d'Œdipe peut avoir de douloureux. On oublie trop, en effet, que le complexe « oblige » en quelque sorte l'enfant à « choisir » de s'identifier à l'un des deux parents seulement, en « abandonnant » l'autre, ce qui constitue un deuil inconscient. Mais, dans le même temps, et à cause de la *contrainte à l'émancipation* dont ils se font les agents, les parents obligent l'adolescent à se détacher d'eux. Or, ce détachement, très progressif, va faire cesser le rêve du roman familial. Cela montre bien que ce roman avait pour fonction d'aider l'adolescent à prendre ses distances,

1. J. Laplanche et J.-B. Pontalis, *Vocabulaire de la psychanalyse*, PUF.

car – fait remarquable – cette prise de distance conduit l'adolescent non plus à rêvasser, mais à *s'intéresser au véritable passé de ses géniteurs*. Le rêve avait donc une racine réelle : la recherche, parfois délicate, d'une « vérité » sur les parents. Vérité sur le passé, que les parents devront avoir la patience de dire, voire de répéter, car le silence sur ce passé peut être lourd de conséquences.

Que faut-il dire ou ne pas dire ?

Certains parents me diront : il (elle) ne pose pas de questions, cela ne l'intéresse pas. Rien n'est plus trompeur. En fait l'adolescent, comme l'enfant d'ailleurs, a très vite discerné les questions qui dérangeaient ses parents. Une fois qu'il a compris cela, il ne les questionne plus. Mais si l'occasion se présente, il ouvre toutes grandes ses oreilles. En tout cas, le désir de savoir est toujours présent et il est dangereux de le contrer tôt, car cela peut entraîner de véritables blocages intellectuels.

Joseph présente une inhibition globale du comportement ; en classe, il n'ouvre pas la bouche. En famille non plus. Il ne parle pratiquement qu'à sa mère. Celle-ci s'inquiète parce que Joseph n'a aucun ami, que les professeurs sont désespérés. Il y a deux autres garçons à la maison qui sont très différents. Joseph est le dernier. Voici ce que raconte la mère : son mari et elle sont des Juifs originaires d'Afrique du Nord. Son mari ne lui a jamais parlé de ses parents. Elle ne sait rien de son passé, sinon ce qu'elle a pu obtenir de sa belle-sœur qui vit dans la région parisienne. En famille, son mari a toujours refusé la moindre question posée par les enfants. Elle-même ne voit plus sa famille et elle s'est résolue à ce silence, mais elle se désespère pour Joseph. Inutile d'ajouter que son mari n'est pas au courant de sa démarche pour consulter un psychologue. Cela ne se fera que plus tard, une fois que Joseph aura fait des progrès.

D'autres exemples abondent, qui prouveraient une relation entre ce silence sur le passé et les blocages chez l'adolescent. Reste, bien sûr, à savoir pourquoi ce blocage touche tel enfant et pas tel autre.

À l'opposé, le cas de Carole aurait pu être dramatique si le secret sur sa conception lui avait été dévoilé brutalement, dans les circonstances que je relate maintenant :

> La mère de *Carole*, 14 ans, consulte un service de pédiatrie parce que celle-ci présente – dit-elle – des parasites dans ses selles. Elle est très volubile, paraît extrêmement anxieuse et proclame à haute voix que sa fille est née par insémination artificielle, et qu'elle n'a donc pas de père. Les infirmières sont très choquées qu'elle le dise devant la jeune fille qui, pourtant, ne laisse rien paraître. On fait appel au psychiatre, car, en plus, on n'a évidemment rien trouvé d'anormal dans les selles. En fait, la mère est dépressive : les parasites n'existent que dans son délire. Carole est une petite jeune fille un peu enveloppée, comme c'est fréquent à son âge. Elle est ravie qu'on demande à voir son père avec qui d'ailleurs elle va vivre, par la force des choses. Elle a toujours su le secret de sa naissance, mais il ne fait pas de doute pour elle que son père est bien son père. La situation, extrêmement tendue, la fait souvent pleurer, mais – élément important – il n'y aura chez elle aucune baisse du rendement scolaire et *a fortiori* pas de signe de dépression.

D'une génération à l'autre. La répétition

Le plus souvent, le passé immédiat n'a guère besoin d'être *dit* : c'est le cas quand les enfants, devenus grands, ont encore leurs grands-parents et peuvent donc apprendre, de la bouche même de ceux-ci, l'histoire de la famille. Cette histoire se continue alors sous leurs yeux. Ils peuvent *observer* les relations de leurs parents avec leurs propres parents et les *comparer* aux leurs.

Or, il arrive très fréquemment que la seconde génération veuille éviter à la troisième ce que lui a fait subir la première. En clair, les parents cherchent, dans l'éducation de leurs enfants, à éviter de reproduire les erreurs qu'ils reprochent à leurs propres parents. Cela aboutit souvent à ce qu'ils fassent l'inverse de ce qu'ont fait leurs parents. Ainsi, des parents élevés durement seront laxistes, d'autres, livrés à eux-mêmes pendant leur enfance, seront stricts sinon sévères. Malheureusement, le désir très conscient de rectifier l'héritage psychologique ne tient pas compte des mécanismes inconscients. Aussi, malgré eux, ces parents *répètent-ils* sans le savoir l'éducation reçue. Et les enfants ne manquent pas de le relever :

Nicole, 16 ans, connaît depuis quelques années une adolescence difficile. Elle trouve ses parents exigeants et se renferme en elle-même. Ceux-ci ne sont pas aussi *monolithiques qu'ils lui apparaissent*. Son père a perdu sa propre mère dans des circonstances dramatiques (elle s'est suicidée après le suicide d'un de ses fils) et le grand-père paternel est mort dément. Sa mère a des relations difficiles avec sa propre mère et essaie de compenser le caractère taciturne de son mari. C'est donc malgré elle, pourrait-on dire, qu'elle impose à Nicole ses exigences morales. Elle ne peut s'empêcher de la surveiller, d'ouvrir son courrier, etc. Car son attirance pour les garçons l'inquiète. Un jour elle le lui dit, et cela soulage beaucoup Nicole. Elle lui raconte du même coup comment elle-même a fui ses parents pour suivre son futur mari. Nicole lui dit alors : « Je voyais bien que tu essayais de faire diamétralement l'opposé de ce qu'a fait grand-mère avec toi, et pourtant cela revient au même : *tu reproduis la même chose*. » Nicole a pu lui dire cela parce qu'elle fait une psychothérapie et qu'elle sait que sa mère est suivie elle aussi.

Cet exemple indique aussi les moyens de lutter contre cette répétition inconsciente : la maman a été quasiment obligée, à cause de sa propre angoisse, de raconter à sa fille ce qu'elle tenait caché parce qu'elle en avait honte. Ce faisant, non seulement elle a réduit la tension entre sa fille et elle, mais encore, elle a évité que ce secret soit lui-même à l'origine d'un comportement voisin de celui de sa propre mère à son égard. Dire certains secrets peut donc être une façon d'enrayer le retour des vicissitudes du passé.

L'hérédité psychologique

Le cas de Nicole est simple parce qu'il montre un lien *direct* entre l'attitude de la mère, attitude conditionnée par son passé, et la possible *transmission* de ce passé à sa fille, transmission contre laquelle celle-ci se rebelle. Il a néanmoins le mérite de montrer, non seulement que la *levée* du secret entrave la transmission, mais que cette transmission est uniquement d'ordre psychologique, et que c'est à la période de l'adolescence que ces questions sont remises (ou mises) sur le tapis.

Il faut malheureusement ajouter que dans les cas pathologiques graves, la levée du secret ne suffit pas, ou pas toujours, à enrayer cette hérédité psychologique dont les effets nocifs se manifestent très souvent à l'adolescence. Pourquoi ? D'abord, sans doute, parce que le secret lui-même n'a été déjà qu'une tentative pour annuler, nier, soigner des situations complexes nées elles-mêmes dans des conditions très particulières (je pense à l'inceste), ensuite et surtout, parce que ce secret n'est souvent plus connu comme tel à la génération suivante.

Cela explique peut-être pourquoi beaucoup de parents et même de médecins croient uniquement, et sans avoir de preuves scientifiques, à l'*hérédité biologique*. Il n'est pas question de nier cette hérédité, et je ne veux pas relancer ici ce débat, mais je pense que, grâce aux mécanismes de l'oubli (involontaire) du non-dit (volontaire) visant à protéger un tiers ou à éviter la honte sociale, l'*hérédité psychologique* a au moins autant de force que l'autre. Comment tenter de l'expliquer ? En faisant jouer la *chaîne des générations*. Il faut en effet trois générations pour qu'un *fait* déterminant, simplement oublié à la seconde génération, devienne pour la troisième une énigme insoluble. Ce qui était encore accessible par un effort de recherche à la génération précédente est transmis tel quel à la génération suivante qui ne dispose plus – sinon de façon déductive – des sources que le silence recouvre parfois définitivement.

Tout cela peut paraître complexe, étrange, inquiétant. C'est pourtant l'explication que l'on a pu – dans des cas privilégiés – reconstituer pour tenter de comprendre l'irruption soudaine et brutale d'une crise de folie (ou psychose) à l'adolescence. Quelquefois, le psychanalyste peut arriver, avec l'aide des parents, à mettre au jour un événement grave (inceste, disparition, etc.) survenu à la génération des grands-parents et mettant en cause ce qu'on appelle la *fonction* du père. C'est le père qui, dans notre civilisation judéo-chrétienne, soutient (sinon incarne) la Loi. Or, toutes les lois chez l'être humain se résument à une seule : la *loi de l'interdiction de l'inceste*. Évidemment, cette loi n'a jamais besoin d'être formulée en tant que telle, mais elle opère *implicitement*, sauf précisément dans ces exceptions qui confirment la règle.

Or, c'est au moment où l'adolescent entre dans la vie sexuelle (au sens large du terme) qu'il a besoin de ressentir ses actes comme légitimes. Il faut pour cela que ses parents et ses ascendants en général soient clairs avec eux-mêmes sur ces questions. Une faiblesse de leur part, surtout si elle est honteuse et cachée, peut retentir sur le comportement d'un adolescent fragile : au moment de passer à l'acte, il risque d'être déstabilisé sans savoir pourquoi. Voici une raison supplémentaire pour dénoncer la nocivité de toute culpabilisation et les ravages que peut faire le sentiment de culpabilité, surtout s'il est inconscient.

Atavisme : hérédité biologique des caractères psychologiques ; par extension, hérédité des idées et des comportements.

L'héritage de l'adolescent. L'exemple du choix du prénom

C'est donc à l'adolescence que le sujet prend conscience de ce dont il a hérité. Cet héritage est à la fois *biologique et psychologique*, mais si je parle de « prise de conscience », c'est que c'est l'esprit – en dernier ressort – qui assume (ou non) tel trait physique autant que tel trait de caractère.

De fait, il existe une véritable *interaction* entre le patrimoine génétique et le patrimoine spirituel : l'enfant à naître est déjà l'objet de vœux conscients et inconscients. Une fois né (ou dès la première échographie), une première confrontation avec la réalité se présente pour les parents : il leur faut ajuster leurs désirs à la réalité physique du nouveau-né, en particulier en ce qui concerne le sexe. Dès cette période d'ailleurs, et dans des cas rarissimes mais exemplaires, certaines mères nient le sexe réel de leur enfant (transsexualisme, voir p. 29). Il s'agit ici d'un *déni* au sens que lui donne la psychanalyse, c'est-à-dire d'un « refus de reconnaître une réalité dont la perception est traumatisante » (Robert). Aussi invraisemblable que cela paraisse, elles continuent d'élever en fille ou en garçon, en dépit de la réalité, celle ou celui qu'elles ont voulu tel(le). Bien entendu, le père, quand il est encore présent, ne compte pour rien dans l'affaire.

Dans la plupart des cas, au contraire, la réalité physique va plus ou moins modifier le désir des parents. Et cela, tout au long des premières années et de l'apparition des caractéristiques de l'enfant. Mais, là encore, à un degré moindre cependant, la psychologie des parents influence considérablement le caractère de l'enfant de telle façon qu'il est difficile de faire la part de l'inné et de l'acquis. L'enfant a besoin de cette influence, de ce désir, sans lesquels il n'existerait pas, et qu'il accepte plus ou moins passivement.

À l'adolescence, en revanche, le sujet fait le compte de ce qu'il *accepte ou refuse* de l'héritage *réel ou supposé* des parents. Ceux-ci sont d'ailleurs parfois les premiers surpris par des questions qu'ils ne s'étaient jamais vraiment posées quant à leur désir concernant l'enfant. Réalité et imagination sont alors bien difficiles à démêler. Ainsi *le choix des prénoms* est un bon exemple de ce mélange des vœux conscients et inconscients qui président à la naissance et sont remis souvent en cause par l'adolescent. Certes, le *patronyme* est lui aussi questionné quand l'enfant, par exemple, porte celui de sa mère, en cas de filiation naturelle : l'adolescent peut lui reprocher entre autres d'avoir fait obstacle à la reconnaissance paternelle. Ou encore, l'enfant a été reconnu par le nouveau mari de la mère, et les conflits éventuels avec ce beau-père peuvent alors se cristalliser sur son nom, etc. Mais le plus souvent, le patronyme apparaît comme hérité par les parents sans que leur volonté intervienne... Tel n'est pas le cas bien sûr pour le ou les *prénoms*.

– Le premier prénom correspond en règle générale au choix des parents. L'entente, la préséance trouvent ici une concrétisation significative.

– Le choix lui-même est rarement le fruit du hasard, même si c'est la consonance qui est mise en avant. D'ailleurs, celui qui a fait le choix avoue souvent ses motifs : « Guillaume, cela fait plus viril que Mathieu » *(sic)*, ou encore : « Maud, c'est l'épouse que mon frère a failli avoir quand j'étais adolescent. »

– Souvent l'adolescent apprend, s'il ne l'a su pendant son enfance, que son prénom est celui d'un frère ou d'une sœur disparu(e), à sa génération ou à celle de ses parents, ce qui renvoie fatalement au désir de réparation et au spectre de la suppléance.

– Les prénoms sont souvent le signe d'obligations, religieuse quand il s'agit de « Marie », familiale quand il s'agit des prénoms des deux grands-parents, amicale enfin pour l'ami intime, le parrain et la marraine.

– Citons enfin, sans être exhaustif, le cas – à mon avis nocif – où le prénom est choisi par le frère ou la sœur. On ne peut s'empêcher de penser qu'il traduit une importance excessive donnée à celui-ci ou à celle-ci et que cette importance n'est pas sans conséquence : Luc, qui a de graves problèmes d'obsession, a reçu son prénom de sa sœur anorexique mentale. *Lucie*, qui consulte pour des problèmes de drogue, a été appelée ainsi par son demi-frère incarcéré dans sa jeunesse pour un trafic de haschisch et qui s'en est d'ailleurs très bien sorti, etc.

2

Le couple parental et le réveil (dangereux) du complexe d'Œdipe

Dans sa quête du passé, l'adolescent rencontre aussi et surtout les personnes que sont ses parents. Enfant déjà, il avait pu comparer sa famille aux autres. Le réveil de sa sexualité (si on reconnaît comme Freud une sexualité infantile) le fait s'interroger, aussi et surtout, sur le type de couple qu'ils forment par rapport à tous ceux qu'il voit. Cette interrogation est souvent – mais pas toujours – éperonnée par l'aiguillon de la jalousie, quand l'un des parents (celui du sexe opposé, généralement) est admiré, aimé et parfois même désiré. Bien entendu, dans ce dernier cas, l'adolescent fait tout pour brouiller les cartes et rendre sa conduite énigmatique, tout en souhaitant secrètement être deviné. Cette activité de brouillage peut passer pour une conduite bizarre, voire pathologique. Plus il est pressé de questions, moins l'adolescent peut répondre, ce qui peut l'enfermer dans son silence. Exceptionnellement pourtant, il arrive que celui-ci « déballe » tout.

Benjamin, 15 ans, trouve en rentrant du lycée sa mère se reposant sur un canapé. N'y tenant plus, il lui avoue qu'il l'aime d'amour, puis va se réfugier dans sa chambre. Le soir, le repas familial est un peu morne à cause du silence de Benjamin, mais celui-ci sait que sa mère n'a pas eu le temps d'en parler avec son père. Le lendemain, en revanche, Benjamin n'ose pas rentrer chez lui. Il y parvient cependant avec beaucoup de retard et il est très étonné que personne ne lui demande rien.

Dans ce cas précis, on peut comprendre ce qui a facilité l'aveu de Benjamin. Le milieu familial, sans être franchement morbide, est néanmoins très perturbé. Le père, lui-même névrosé et intelligent, va au-devant des prises de conscience de son fils. Ainsi, il l'encourage à ne pas refuser les avances éventuelles de femmes plus âgées. Il le pousse à avoir des rapports sexuels en quelque sorte « hygiéniques » avec une camarade de classe, ce à quoi Benjamin se refuse. Comme on le voit, cette attitude plus que permissive a sur Benjamin l'effet contraire. La mère, de son côté, avait, avant cet aveu, une attitude inconsciemment provocatrice : elle entrait, par exemple, en petite tenue dans la salle de bains où Benjamin faisait sa toilette. Benjamin a une nette tendance à l'échec scolaire, que son père interprète comme « une façon de s'opposer à lui ». Pour que le lecteur ait le maximum d'éléments en main, sans cependant entrer dans les détails, j'ajouterai que le père est juif et que la mère, jeune et jolie, est d'origine allemande et fille d'un ancien nazi qui s'est opposé à leur mariage. Tout cela est parfaitement su par Benjamin, ce qui explique, à mon avis, qu'il n'y ait pas plus de dégâts et que son évolution ait été positive.

Certains parents trouveront sans doute cet exemple caricatural. Il ne faut cependant pas oublier – avec Freud – que la pathologie n'est souvent que l'exagération de traits normaux, exagération parfois poussée à l'extrême mais sans solution de continuité avec le normal. Cet exemple montre, en tout cas, de façon évidente quelques éléments essentiels :

1) Les parents (le père pour la fille, la mère pour le fils) doivent savoir que – sans le vouloir – l'amour qu'ils ont porté à leur fils ou fille *induit* forcément une réciprocité.

2) Cette réciprocité se teinte à l'adolescence d'une sexualité *culpa-*

bilisée parce que interdite (et interdite d'autant plus aisément que la réalisation en était impossible jusque-là).

3) Face à cette résurgence dangereuse, l'adolescent a besoin de « barrières ». La première et la plus immédiate est fournie par le parent du même sexe vécu comme un *allié* et non comme un *rival jaloux*.

Ces trois points définissent ce qu'on peut appeler la structure triangulaire du complexe d'Œdipe, telle que la revit tout adolescent normal.

Le complexe d'Œdipe n'est pas (que) le mythe d'Œdipe

Les lecteurs pourront opposer toutes sortes d'objections à ce caractère quasiment *obligé* de la « structure œdipienne », laquelle peut être perçue comme un *schéma abstrait* dépassant la notion d'individu, ou tout simplement comme une histoire réservée à quelques malades. Toutefois, objecter notamment que, pour entrer dans cette structure, il faille avoir des parents jeunes et désirables ne tient pas. D'abord parce que l'émoi œdipien adolescent peut très bien se moquer de l'âge. En effet, tout le monde sait qu'on peut transférer le sentiment qu'on éprouve pour une personne sur une autre. Ou encore qu'on peut transférer sur la même personne un sentiment éprouvé dans le passé. Tous ces « transferts », dont on devine l'utilité, entrent dans le cadre plus vaste de ce que la psychanalyse appelle des *déplacements*. L'inconscient se *défend*, comme on le voit ici, en brouillant les cartes, c'est-à-dire en détachant le sentiment de la personne qu'il vise pour le déplacer sur une autre. Ainsi, les figures de la tragédie œdipienne peuvent être déplacées sur d'autres personnes que les parents, sans que cela affecte la configuration elle-même. Cette configuration est, bien sûr, mise en place avant la naissance, même si l'enfant ne l'exprime que vers 4-5 ans en déclarant par exemple : « Quand je serai grand(e) j'épouserai maman (papa) », ou dans des jeux témoignant souvent d'une jalousie comique.

Comme on le sait, Freud a pris le *modèle* de la tragédie. Cette tragédie *n'est pas le complexe*, dont elle n'illustre en fait qu'une des faces (le penchant pour la mère et l'élimination du rival paternel pour le garçon), face qu'on peut cependant rencontrer isolément dans des pathologies graves. En effet, pour qu'il y ait un *complexe* (d'où son nom), il faut que soit également présent un autre pôle, à savoir l'impulsion *inverse* (appelée pour cette raison Œdipe inversé) *afin qu'en fait rien ne se passe dans la réalité*. Et c'est cela que Freud a découvert.

Je rappelle tout de même qu'Œdipe est le héros d'une célèbre légende grecque dont nous ne possédons pas les poèmes épiques originaux mais qui a donné naissance à de très nombreuses œuvres (Eschyle, Sophocle).

Un oracle aurait déclaré que l'enfant porté par Jocaste (sa mère) et engendré par Laïos (son père) tuerait son père et épouserait sa mère.

Pour éviter cette malédiction, Laïos perce les chevilles d'Œdipe (dont le nom signifie « pied enflé ») et l'« expose » au froid. Mais il est recueilli par la femme du roi Polybos qui l'élève. À l'adolescence, Œdipe quitte ses parents adoptifs et se rend à Thèbes à la recherche de ses origines. Il rencontre au cours de son voyage Laïos qu'il tue après une querelle.

Arrivé à Thèbes, il rencontre le Sphinx, monstre mi-lion mi-femme, qui dévore les passants qui ne peuvent répondre à ses énigmes, par exemple : « Quel est l'être qui marche tantôt à deux pattes, tantôt à trois, tantôt à quatre, et qui, contrairement à la loi générale, est le plus faible quand il a le plus de pattes ? » (l'homme). Œdipe y répond et tue le Sphinx. Les Thébains, pour le récompenser de les avoir délivrés du monstre, en font leur roi et lui donnent en mariage la veuve de Laïos (Jocaste !).

Mais la peste ravage Thèbes, la Pythie de Delphes réclame, pour faire cesser le fléau, vengeance de la mort de Laïos. Œdipe maudit l'assassin de Laïos sans savoir qu'il se maudit lui-même. Il demande au devin Tirésias le nom du coupable et découvre la vérité peu à peu. Jocaste se suicide, Œdipe se crève alors les yeux avec sa broche et s'enfuit avec sa fille Antigone pour mourir à Colone[1].

En fait, le *complexe*, que j'ai distingué du *mythe*, y est cependant présent dans l'auto-aveuglement d'Œdipe, qui signe à la fois son sentiment de culpabilité et son besoin de châtiment.

L'autre pôle du complexe qui, lui, n'est pas explicite dans le mythe, c'est non seulement la culpabilité envers lui, mais aussi l'amour pour le père, amour qui masque la plupart du temps l'intention hostile. C'est pourquoi l'adolescent n'ayant généralement aucune conscience d'éprouver ce complexe, les interprétations sauvages sont particulièrement malvenues.

Notre *Benjamin* peut ainsi déclarer en toute bonne foi : « Je n'ai pas l'impression de souffrir du complexe d'Œdipe. » Il soutient même son père contre sa mère quand ils se disputent, ce qui arrive fréquemment. Malgré, ou peut-être à cause des défauts paternels, il éprouve à l'égard de son père une tendresse mêlée d'une certaine commisération. Il ressent même pour lui une certaine fierté. Et loin de vivre comme une intrusion l'intérêt quasi maternel qu'il lui porte, il ressent celui-ci comme une faveur. Ces sentiments se maintiendront à l'âge adulte.

La bisexualité imaginaire

Si l'on m'a suivi jusqu'ici dans les méandres de ce complexe, et surtout, si on admet qu'il est, chez tout sujet, présent sous les deux formes (normale et inversée) à des degrés divers, on comprendra ce qu'est la bisexualité pour la psychanalyse.

Dans le langage courant, la bisexualité désigne non pas le fait

1. D'après Pierre Grimal, *Dictionnaire de la mythologie*, PUF.

d'avoir deux sexes mais des caractères et, partant, des partenaires de l'un et l'autre sexe. Pour la psychanalyse, cette possibilité reste, sauf exception, virtuelle et imaginaire. L'exception se produit précisément souvent à l'adolescence, quand l'*identification* à son propre sexe et le choix de celui de l'*objet* d'amour ne sont pas suffisamment clairs et imposent d'en passer par des expériences pour se confirmer dans un sens ou dans l'autre.

Mais que les parents se rassurent, ce ne sont pas les expériences elles-mêmes qui vont influencer l'adolescent(e). En tout cas, pas de manière durable en ce qui concerne l'*orientation sexuelle*. Celle-ci résulte, en effet, d'une identification narcissique à l'un des parents. Le complexe d'Œdipe ajoute à cette identification des identifications féminines et masculines dites *secondaires*, qui confirment ou non l'identification narcissique. J'aborde d'ailleurs plus longuement ce sujet dans *De l'amour de l'autre à l'amour de soi, le narcissisme en psychanalyse*.

Dès lors, la véritable bisexualité, c'est le fait de conserver, *sans la réaliser*, l'orientation sexuelle qui n'a pas été reconnue comme légitime à l'issue de l'Œdipe adolescent, mais qui en est aussi le produit. Cette orientation, laissée-pour-compte dans la réalité, peut être source de fantasmes et de créativité, si son abandon est naturel et non le fait d'une répression.

Et la fille ?

Si les deux pôles du complexe d'Œdipe chez le garçon s'annulent et le laissent d'une certaine (et heureuse) façon déçu, c'est sur une déception du même ordre que s'ouvre chez la fille le même complexe qui a été appelé *complexe d'Électre* par Jung, le disciple dissident de Freud. Dans la mesure où elle prend conscience d'un certain manque – c'est ce manque que Freud appelle « castration » –, la fille va revendiquer. En schématisant à l'extrême, elle impute d'abord ce manque à sa mère, puis elle se tourne vers son père. C'est de lui qu'elle espère obtenir ce qu'elle n'a pas. Mais que demander ?... si ce n'est un enfant ! C'est là que commence son complexe d'Œdipe qui va lui permettre d'assumer son insatisfaction.

L'adolescence, une fois de plus, va transformer l'insatisfaction infantile en nouvelle espérance. L'exemple qui suit montre comment cette espérance ne peut se dire parfois que dans la souffrance de la maladie, comme ce fut le cas pour Monique avant qu'elle entreprenne et termine une psychanalyse au terme de laquelle elle se marie et donne naissance à une fille.

Monique est l'aînée des filles d'une fratrie de neuf enfants, vivant dans un milieu peu favorisé. Elle se considère assez vite comme une seconde mère, s'occupant des plus jeunes. Elle sera pratiquement toute son enfance suivie en centre médico-pédagogique pour des syncopes et des difficultés scolaires. Elle se sent un peu abandonnée par une mère débordée et un père insuffisant. Je n'insiste pas ici sur des symptômes graves survenus à l'adolescence, et n'en retiendrai qu'un seul : le retard des règles. Ces retards très fréquents lui gâchent la vie et lui font craindre – quoique sans « raison » valable – une grossesse qui la terrifie. Même si elle excuse sa mère et dit ressembler à son père, l'image inconsciente qu'elle a de ses parents apparaît parfois sous une forme péjorative : son père « la dégoûte », et sa mère est « un mur ». Ses crises de nerfs l'inquiètent : elle se prend parfois au jeu de « faire la folle » pour faire peur. Dans ces moments-là, elle ne sait plus trop qui elle est : homme ou femme. Un jour elle se dit qu'elle va faire une grossesse nerveuse, bien qu'encore une fois, elle n'ait aucune raison d'être enceinte. Elle prend alors conscience qu'elle a associé à cette « grossesse » le nom du médecin qui la suivait enfant. C'est de lui, se dit-elle, qu'elle attendait cet enfant imaginaire, avant de rapporter ce désir à l'image de son père, et cela à travers un fantasme qu'elle avait complètement oublié. Ce fantasme, le voici : elle avait craint de tomber enceinte, après avoir utilisé un gant de toilette ayant servi à son père dans la salle de bains commune.

La plasticité de son esprit lui fera épouser tous les rôles, toutes les *identifications* du complexe d'Œdipe. Ainsi, elle peut en psychanalyse se voir en rêve des poils poussant sur sa poitrine, penser qu'elle « bande » pour une femme, ou vivre ses règles comme une éjaculation : elle peut aussi s'imaginer séduire les hommes ou son père dans les vêtements de nuit de sa mère et même penser un instant qu'elle hait les hommes. Toutes ces identifications reviendront à leur place et lui permettront de s'affirmer enfin femme ayant le droit d'avoir un mari et des enfants.

Le couple parental et la normalité

Un court exemple montrera que le complexe d'Œdipe ne prend pas toujours ces formes évidentes et parfois pathologiques, mais peut se traduire très simplement :

La mère de *Franck* « couve » son petit dernier et supporte mal que son mari le frappe. Un jour, elle menace celui-ci d'aller jusqu'au divorce s'il continue. Le soir, Franck rêve que ses parents ont divorcé : lui et sa mère sont à la recherche d'un autre « monsieur ». Puis, au bout d'un certain temps, Franck est tout triste, ça lui « fait mal au cœur » d'avoir dû quitter son père. Grâce à ce rêve, Franck se rend compte qu'il aime son père et qu'il a besoin de lui, même s'il a pu à certains moments en douter.

Ce petit exemple montre que le « complexe d'Œdipe », provoqué en somme par le fait que *deux* personnes conçoivent et élèvent un enfant, a sur celui-ci un effet équilibrant. Car rien n'est plus néfaste pour un enfant qu'une relation exclusive, parce qu'elle l'enferme dans un système affectif qui refuse l'opposition. Du coup, ou bien cette opposition se manifeste à l'extérieur, à l'école par exemple, ou au contraire l'enfant la réprime et la garde en lui. Le complexe d'Œdipe, au contraire, par la seule existence d'un couple, oblige presque l'enfant a faire un choix entre l'opinion de l'un ou de l'autre, à les comparer, à les préférer, ce qui lui permet d'exprimer son opposition active ou passive.

Bien sûr, pour que ce système fonctionne, il faut que le couple ne soit ni trop en guerre ni trop fusionnel et que, pour l'éducation de l'enfant, chacun des conjoints tienne compte de l'avis de l'autre. Cette dernière remarque est capitale pour l'identification sexuelle de l'enfant : le complexe d'Œdipe traverse plusieurs phases ; dans sa phase terminale, l'enfant choisit de s'identifier, sur le plan du sexe, à l'un des parents. Dans la grande majorité des cas, cette identification choisit le parent du même sexe. Il arrive que ce ne soit pas le cas : c'est souvent, pour ne pas dire toujours, parce que la mère a eu avec son fils une relation exclusive parfois presque amoureuse. Du coup, le fils en question abandonne le complexe d'Œdipe en s'identifiant à sa mère en ce qui concerne sa sexualité. Cette identification laisse cependant le garçon, pour continuer cet exemple, capable de s'identifier aussi à son père dans d'autres domaines.

" Quand on est jeune on associe la réalisation future de ses rêves aux existences qui vous entourent. "

Gustave Flaubert.

Parents seuls ou divorcés

La vie avec un parent seul est bien souvent facteur de nouveaux problèmes pour l'adolescent. Si celui (celle)-ci n'a ni frère ni sœur, on retrouve une situation de couple qui, *en soi*, peut être un véritable *enfermement*, comme le disent eux-mêmes les adolescents qui la subissent.

Mère et fille. Mère et fils

C'est le plus souvent la mère, en effet, qui a la charge de l'enfant et cela crée une situation œdipienne positive ou inversée particulièrement angoissante. Ainsi, Fatima et Fabrice se trouvent avec leur mère dans une relation que les psychanalystes appellent *duelle* parce qu'elle exclut tout tiers :

> Le père de *Fatima* a quitté sa mère après quelques années de mariage. Depuis, à chaque fois qu'il se manifeste c'est pour créer chez Fatima une situation véritablement traumatisante. Par exemple, il frappe sans entrer, alors qu'il sait sa fille présente, pour glisser sous la porte l'enveloppe contenant la pension. C'est qu'il vit le couple formé par la mère et la fille comme un blâme constant. Effectivement, les rares fois où il a pu voir sa fille, celle-ci l'a abreuvé de reproches. Ce qu'il ne sait pas, c'est la somme d'espoir déçu et d'amour bafoué que celle-ci place en lui. Ce qui

bien sûr retentit sur sa relation avec les garçons : ils la terrorisent tout autant qu'ils la fascinent. De son côté, la mère de Fatima supporte très mal l'intérêt de sa fille pour un homme qui a « fait son malheur », elle supporte tout aussi difficilement les reproches que peut lui faire sa fille sur sa solitude, alors que, dépressive, elle se voit incapable de retenir un homme au foyer.

Fabrice (cité p. 36) ne supporte plus d'être seul avec sa mère et, parfois, sa grand-mère. D'une part, cette solitude lui rappelle ses difficultés de contact avec les autres, d'autre part, sa mère l'« énerve » parce que, d'après lui, elle a les mêmes tics et manières que lui, bref, parce qu'elle lui ressemble. Comme dans les couples repliés sur eux-mêmes, Fabrice fait à sa mère des reproches qu'il regrette l'instant d'après, mais « c'est plus fort que lui ». Il commence à remettre en cause la version du divorce qu'il a toujours entendue, et parle de plus en plus de son père, qu'il ne voit plus depuis des années, ce que n'accepte pas sa mère.

La question du père

L'absence du père est souvent vécue douloureusement à l'adolescence. C'est à ce moment-là, en effet, que l'adolescent des deux sexes ressent le besoin d'une présence *tierce*. Il est cependant fort possible que la présence *réelle* du père n'améliore pas miraculeusement la situation, et cet *appel au père* peut avoir un côté dramatique comme dans le cas suivant :

Laurent a 16 ans et il est en quatrième. Il est le second d'une fratrie de trois (un frère aîné, une petite sœur). Depuis le départ du père il y a sept ans, la mère travaille dans une cantine. Laurent a de grosses difficultés scolaires, en particulier en orthographe, et il est suivi en CMPP. Laurent n'a pas d'amis, ne s'entend pas avec son frère, lit Boris Vian... et attend son père. Or, alors qu'il n'a pas vu ses enfants depuis cinq ans, celui-ci fait une réapparition. Laurent est très déçu, il dit à qui veut l'entendre : « N'importe qui aurait pu faire l'affaire. » Quelques jours après, il fait une tentative de suicide gravissime dont il réchappe de justesse.

L'intensité de la déception de Laurent est provoquée par la brutalité du retour du père. En fait, non seulement Laurent ne m'en parlera pratiquement plus, mais surtout il *ne fera jamais le lien* entre sa tentative de suicide et ce retour, ce qui paraît incroyable. Cet exemple pose le problème de la réalité physique du père dans l'éducation de l'enfant et permet de distinguer cette réalité de sa fonction qui se résume à la question « à quoi sert un père ? ». Souvent cette réalité, l'absence du père par exemple, dissimule par son évidence même le véritable sens de sa fonction.

Qu'est-ce qu'une relation exclusive, sinon celle qui ne tient pas compte des autres et en particulier de cet autre qu'est le père ? Mais, comme je l'ai rappelé, le père est plus que cela, il est aussi le représentant de la loi, comme on peut le dire d'un policier. Un policier peut être ridicule, la loi ne l'est pas et un enfant a besoin d'elle. Aussi importe-t-il de distinguer le personnage de son rôle. Évidemment, tout est plus simple quand ils coïncident et que papa commande. Mais, dans les faits, les choses sont plus complexes. Or, même si elle ne reconnaît pas à son mari l'autorité qu'il réclame, la maman doit savoir que l'enfant a besoin de limites. L'enfant n'accepte ces limites que si elle-même reconnaît les siennes. Sinon l'enfant, puis l'adolescent, vit dans un monde imaginaire et magique, dans lequel l'adulte est tout-puissant.

L'adolescent risque alors de se heurter, quand la loi familiale a fait défaut, à la loi tout court et de devenir délinquant, ou encore de réclamer un père (souvent c'est la même chose) alors qu'il est trop tard. Bien souvent, dans ces cas, il faut que le thérapeute tienne compte de ce décalage entre ce qui a manqué dans l'histoire de l'adolescent et ce qu'il réclame maintenant.

Les « fixations » œdipiennes

La situation familiale monoparentale favorise – mais *ne crée pas* en elle-même – des *fixations*, c'est-à-dire des *attachements inconsciemment incestueux* au parent du même sexe ou du sexe opposé. À l'adolescence, ces fixations risquent de se voir confirmer. Elles ressortent dans le *comportement* et deviennent gênantes pour l'entourage quand elles mettent en cause la sexualité. C'est que, en effet, l'intensité de telles fixations va au-delà de l'amour pour le parent du sexe opposé, si bien que *cet amour se transforme en identification*. Cette transformation constitue le mécanisme essentiel de l'homosexualité. Elle est facilitée par l'absence, l'effacement, la mise à l'écart du parent du même sexe que l'adolescent.

Dominique, 14 ans, est intenable en classe. Elle chahute, se bagarre, agresse les professeurs. Elle s'habille, se coiffe, agit comme un garçon. Elle ne fréquente d'ailleurs que les garçons, déambule avec eux dans la rue ou joue au flipper. Elle a perdu sa mère, d'origine arabe, à trois ans. Elle a été élevée par des nurses. Finalement, le père a épousé une de ces nurses, elle aussi arabe, alors que pour lui les Arabes sont des « moitiés d'homme » *(sic)* ! Dominique, après un long affrontement, finira par accepter sa belle-mère.

La jalousie œdipienne

La jalousie qu'éprouve l'adolescent par rapport au parent de sexe opposé (dans le complexe d'Œdipe normal ou positif) est souvent *mise en évidence par le divorce*, quand le parent concerné se remarie ou, tout simplement, vit avec quelqu'un.

Grégoire, 14 ans, a été conçu dans l'espoir d'une meilleure entente du couple. Il pense, sans en être sûr, que sa mère a eu ensuite un amant ; en tout cas que c'est avec cet homme-là qu'elle a décidé de se remarier. Son père, qu'il voit tous les quinze jours et qui, lui, vit seul, lui paraît fade. Il s'entend très mal avec son futur beau-père parce que celui-ci forme un véritable couple avec sa mère. Il est donc jaloux de son beau-père et en même temps l'admire. Aussi s'opposer à lui est une façon de le provoquer pour qu'il s'occupe de lui.

Ici, la jalousie peut s'entendre aussi comme un désir d'identification avec un homme qu'il a, en fait, envie d'imiter. Cette *ambivalence* (coexistence de deux sentiments opposés) est particulièrement fréquente à l'adolescence.

Juliette éclate en sanglots quand elle parle de la nouvelle femme de son père. Sa mère s'inquiète d'autant plus qu'elle-même vit très mal cette nouvelle situation. Elle croyait pourtant avoir bien supporté son divorce. L'attitude de sa fille ravive en elle une affection encore active pour son ex-mari.

Ces situations ne font qu'étaler au grand jour le réveil du complexe d'Œdipe *à l'adolescence*. Elles sont, pour l'adolescent, l'occasion d'une véritable *rencontre* avec ces adultes que sont ses parents et leurs conjoints !

4

La relation fraternelle à l'adolescence

Les relations fraternelles à l'adolescence offrent une telle variété qu'elles peuvent pratiquement exprimer tous les registres possibles, de l'indifférence apparente à l'attachement de type parental. En règle générale, la présence de frères et sœurs facilite le passage difficile de l'adolescence, par une démultiplication et une fragmentation des sentiments, ce qui facilite les échanges et permet l'expression des difficultés.

Alliance ou solitude

Si la différence d'âge est minime, le frère ou la sœur peut jouer le rôle d'allié face aux adultes et aux parents (ce qui est particulièrement vrai pour la *gémellité*). Il arrive fréquemment que l'un se fasse le porte-parole de l'autre, lequel peut ainsi cultiver sa morosité sans avoir besoin de s'expliquer. Frères et sœurs peuvent ainsi former un véritable petit groupe avec ses règles et ses codes.

Des deux frères, *Georges*, 14 ans, et *Pierre*, 16 ans, je connaîtrai d'abord le plus jeune. Il inquiète ses parents par une taciturnité, des troubles du sommeil, qui datent des grandes vacances et qu'il explique par une relation amoureuse. L'aîné, lui, est beaucoup moins tendu, mais présente des difficultés scolaires, et je le verrai par la suite. Ce qui est frappant, c'est que ces frères, pourtant fort différents, sont tous les deux fascinés par tout ce qui est force, violence. Ils sont passionnés de vêtements militaires, de musculation, d'armes, s'achètent des treillis et des gyrophares et vont jusqu'à se faire raser le crâne ! Tout cela s'insère dans une histoire qui implique les grands-parents, mais leur fraternité leur permet de vivre une adolescence difficile sans quitter le milieu familial.

La grande sœur et le grand frère

Il arrive aussi que la différence d'âge permette au contraire que la grande sœur ou le grand frère joue le rôle d'un parent à qui l'on peut dire ce qu'on ne dit pas au véritable parent.

Olivier, 14 ans 1/2, souffre de ne pas avoir d'amis. Son seul ami, c'est sa sœur, qui a de graves problèmes, mais aussi de grandes facilités intellectuelles en lettres, où elle brille. Quand elle s'absente, Olivier se sent morose. Il a une passion au moins égale pour sa mère : ce sont toutes les deux des « intellectuelles ». Il n'a en revanche que peu de contact avec son père, un manuel, et il se rend compte que cela le féminise : il ne fait pas de sport, par exemple. Aussi se sent-il véritablement désavoué quand il apprend que sa sœur « sort » avec un sportif ! Ce « désaveu » entraîne une véritable dépression. La sœur est mise sur un piédestal, elle représente l'Idéal « qui ne le décevra jamais », « une autorité morale », « quelqu'un en qui il a le plus confiance ».

Dans ce genre de cas existe une véritable fixation, elle-même à l'image de la passion œdipienne. Passion d'autant plus intense que la figure du père est effacée. Il arrive parfois que le complexe d'Œdipe se rejoue – si je puis dire – complètement à l'« étage » fraternel.

" Des besoins de confidence, des besoins attendris de parler ou d'écrire... " Maupassant.

L'Œdipe fraternel

Isabelle a 19 ans, entre une sœur Claudie de deux ans plus âgée et un frère Jean plus jeune d'un an. Elle souffre d'anorexie et passe son temps à faire les courses, la cuisine, tout en ne supportant pas que les autres manquent d'appétit ! Elle a même trouvé une place dans un restaurant pour payer ses études. Sa maladie l'empêche de passer son baccalauréat, alors qu'elle est brillante. Elle fait en outre de la musique au conservatoire et lit beaucoup. Elle ne supporte pas Claudie, qu'elle trouve gamine, superficielle, jouant la comédie avec les garçons, et avoue : « Je suis jalouse ! » Quant à Jean, il la persécute : « Regarde la cellulite que tu as sur les cuisses ! » Elle a connu un garçon il y a deux ans, relation qui s'est éteinte avec les vacances, mais qui a représenté pour elle une perfection quasi paradisiaque dont elle dit après coup que « ce n'était que physique ». Le couple de Jean et Claudie lui rappelle constamment ce paradis perdu. Aussi est-elle hors d'elle le jour où, les accompagnant en boîte de nuit, elle les voit danser ensemble.

Le couple de parents est « inversé », comme chez Olivier, dont la sœur souffre de la même maladie qu'Isabelle : le père est électricien, la mère directrice de CES, ce qui ne serait pas en soi un problème ! Mais c'est la mère qui dirige le foyer et Isabelle se demande toujours ce qui réunit ses parents. Aussi l'image idéale (et œdipienne) du couple est davantage réalisée par le couple fraternel que par le couple parental. Il n'empêche cependant que beaucoup des traits qui l'intéressent chez les garçons sont attribuables en fait au père. De même, l'envie que suscite chez elle Claudie est à rapporter à la mère.

Quand le frère ou la sœur est malade

Dans tous ces exemples transparaît le retentissement que peut avoir sur les frères et sœurs présumés indemnes la souffrance psychique d'un frère ou d'une sœur. Cette souffrance entraîne dans la fratrie des réactions de honte, de peur, d'agressivité envers les médecins, encore plus vives que lorsque la maladie touche l'un des parents. C'est que frère et sœur se mettent plus aisément à la place les uns des autres, surtout quand l'un ou l'autre est un support, une référence, une présence tutélaire.

Le frère de Franck s'est suicidé quand Franck avait 11 ans. Maintenant qu'il en a 14, il ne parle jamais de son frère, mais fouille dans les tiroirs à la recherche de souvenirs. Il veut faire le même métier que lui, ce qui inquiète sa mère. Ce frère était pris en charge en psychiatrie et il faudra du temps pour que Franck accepte de voir un psychologue.

La sœur de Patrick (cité p. 46) est soignée pour anorexie mentale depuis que Patrick a 14 ans. À 15 ans, il commence à souffrir de rougissement pour lequel il a fait du psychodrame. Or, si cela n'a pas marché, c'est qu'il ne fait pas confiance aux psychiatres qui n'ont pas réussi à guérir sa sœur. Il souffre d'un certain blocage intellectuel qui le fera quitter le lycée, et a toujours l'air de penser à autre chose quand il parle. Il ira mieux quand il avouera qu'il a peur de *ressembler à sa sœur*, ce qui d'ailleurs améliorera les rapports difficiles qu'il a avec son père.

Dans ces deux exemples, identification et peur de l'identification se réfléchissent comme dans un miroir. Pour que les parents comprennent l'attitude à avoir dans ces cas, il faut rappeler que le verbe *identifier* peut être transitif : il leur faut en effet éviter d'identifier un adolescent à l'enfant malade ou mort qui a souvent accaparé toute leur attention, c'est-à-dire éviter de le confondre avec ce dernier par leurs paroles ou leurs attitudes.

5

La rencontre ou l'attente du partenaire

La rencontre d'un partenaire fait partie de la *contrainte à l'émancipation* que subit l'adolescent, quand il ne la devance pas. En effet, tout le problème est que cette rencontre se fasse au moment opportun sur le plan de la maturité et qu'elle soit par conséquent authentique : ni un prétexte pour quitter les parents – ce qu'ont connu encore nombre de mères de nos adolescents actuels – ni une fuite en avant purement sexuelle.

Qu'est-ce qu'une *rencontre* ? C'est un échange sur un ou plusieurs plans entre deux personnes, à l'issue de laquelle l'une *et* l'autre sortent modifiées. Cette définition implique la réciprocité et exclut par conséquent certains attachements sans réciprocité. Elle comprend en revanche l'amitié intellectuelle et/ou affective et, bien sûr, l'amour réciproque.

Il est difficile d'éviter, dans ce domaine, l'écueil idéologique, et plus encore peut-être celui des convenances. On conviendra, à cet égard, que la mode n'est plus au mariage pour la vie, d'essence religieuse. Il n'empêche qu'on ne peut dénier que l'adolescence soit l'ère de la rencontre de l'Autre, dans ce que celui-ci comporte de diffèrent et cela en (toute) liberté : c'est ainsi que l'adolescent se construit, les erreurs faisant partie de l'expérience elle-même. Ainsi, l'asymétrie des sentiments, le décalage entre affectivité et sexualité, les mystères que révèle l'Autre, voilà autant de « problèmes » qui deviennent parfois des symptômes parce qu'ils sont vécus par l'intéressé à la fois comme douloureux, répétitifs et inévitables. Sans vouloir faire de la sociologie, disons que les adolescents actuels semblent marqués par un certain nombre de traits : la peur de s'enfermer dans une relation définitive, la peur du sida (malheureusement moins forte chez ceux qui sont le plus menacés), le besoin de lier affectivité et sexualité et, surtout, il faut bien le dire, un grand sérieux devant les problèmes matériels liés à l'emploi. Les adolescents sont en tout cas considérablement mieux informés et donc plus détendus sur la sexualité que ne l'étaient leurs parents. Enfin, je ne ferai pas de distinctions (qui peuvent être considérables) selon les classes d'âge, à la fois pour éviter de créer des normes, et parce que je préfère parler de l'adolescence en termes de processus, lequel s'étale variablement sur plusieurs années. Il est certain, par exemple, que l'affectivité d'un « pré-adolescent » et celle d'un « post-adolescent » – puisque certains les appellent ainsi – sont fort différentes. Je préfère, pour ma part, les réunir tous les deux dans la même dynamique.

Précocité

Peter, 14 ans, second d'une famille de grands intellectuels, est tombé amoureux de la fille d'amis de ses parents. Tout le monde est fasciné par l'intensité et l'authenticité de leurs sentiments. Mais, d'une part, la scolarité – jusque-là brillante – faiblit et, d'autre part, Peter est de plus en plus exigeant sur ses libertés... et son argent de poche. Il se fait mettre à la porte du lycée. Son intelligence lui permet de se rendre compte que l'amour ne résout pas tout, et il supporte mal de s'énerver même avec sa bien-aimée. Bref, Peter vit intensément quelque chose qui le dépasse, parce que cela ressemble en tous points à une relation adulte, qu'il ne peut assumer par ailleurs.

Peter et sa compagne ne « copient » pas leurs parents. Au contraire. On peut en effet se demander si leur amour n'est pas un défi lancé à ceux-ci. Les parents de Peter, en tout cas, ne manifestent entre eux aucun geste d'affection. Leur relation, très intellectualisée, se complique d'un grand désaccord sur le plan religieux.

Elsa, 12 ans, a inquiété ses parents parce qu'elle s'habillait en petit garçon depuis l'âge de 4-5 ans, c'est-à-dire au moment de la période œdipienne. En fait, elle est très féminine, pratique des sports de compétition... et tombe souvent amoureuse, bien qu'elle trouve les garçons stupides de se comparer sans cesse entre eux. En réalité une grande rivalité l'oppose à sa sœur, de deux ans plus âgée, qui lui « fauche » ses amis dans ce monde déjà socialisé des « rallyes ». Elle prend conscience que les garçons qu'elle choisit ont toujours quelque chose de « faible » (en fait féminin) qui l'attire.

Ce problème du choix amoureux est intéressant parce qu'il révèle souvent des stigmates œdipiens : telle fillette, par exemple, n'aimera que les garçons aux yeux bleus... comme ceux de son père, etc.

Le complexe du puceau

Roland, grand garçon de 15 ans, est très heureux au milieu de nombreux frères et sœurs, dans une grande maison près de Paris. Pas de conflits avec des parents « super » avec qui il fait de la musique. Seul problème : « les autres » ne parlent que de *ça* (*sic*) au lycée, et il se trouve tout bête... Aussi, dès le premier entretien, il annonce : « Vous savez, je suis puceau. »

De fait, il ne souffre guère du problème. La souffrance naît – dans ce genre de cas – du décalage entre les désirs et les difficultés de réalisation. C'est en ce sens, je pense, qu'il faut comprendre la

culpabilité causée par la *masturbation*, culpabilité *inconsciente* liée à la solitude, qu'elle démontre. En revanche, la culpabilité *consciente* a pratiquement disparu à notre époque, y compris d'ailleurs dans les milieux religieux.
On peut rapprocher de ce complexe l'obsession de la virginité chez certaines jeunes filles qui croient que l'hymen peut être un obstacle pour le garçon qu'elles vont rencontrer.

Le refus ascétique de la sexualité

Ce type de refus est bien connu à l'adolescence. Il est réactionnel non seulement à la poussée pubertaire, mais aussi à toutes les excitations d'origine sexuelle. Mais il faut savoir que ce refus *n'est pas conscient*.

> *Olivier*, 15 ans, souffre de morosité [1]. Rien ne l'intéresse à part ses études, qu'il fait cependant sans conviction. Sa seule détente consiste à pratiquer des sports solitaires. La sexualité ne l'intéresse pas. Il en parle quasiment comme de quelque chose qui l'indiffère complètement. Il fait d'ailleurs très bien la différence entre le dégoût qu'elle lui inspirait au moment de la puberté et le sentiment actuel.

Il ne faudrait pas croire, dans ce genre de cas, que l'absence de sexualité soit *compensée*, par exemple, par des relations sociales très développées. Au contraire, les *défenses* contre celle-ci *s'étendent à tout ce qui pourrait la provoquer*, et bien sûr au premier chef aux relations avec autrui. Elles démontrent par là même le lien indiscutable entre l'affectivité et la sexualité.

1. Voir 3e partie : « Le processus de l'adolescence et sa pathologie ».

L'expérience dangereuse

Même – et surtout – quand elle est réussie, la rencontre sexuelle peut être déstabilisante – comme on dit –, ce qui peut paraître paradoxal.

Isabelle connaît pendant les vacances un garçon avec qui elle a sa première relation sexuelle. Contrairement à la règle, c'est très réussi : « C'était magnifique. J'ai atteint la perfection. » Malheureusement, c'était « juste une aventure », quelque chose de « purement physique ». Au retour des vacances, Isabelle commence à ne plus manger.

Martine, 16 ans, transgresse pour la première fois l'interdit parental : elle était jusque-là la fille modèle de parents très religieux. Elle passe par la fenêtre de la maison de vacances pour avoir des relations assez désordonnées avec des garçons qu'elle ne connaît pas. Cause ou conséquence, il faudra rapidement l'hospitaliser à cause de l'éclosion d'un délire.

Chez ces deux jeunes filles, la rencontre est vécue comme interdite, illégitime et, du coup, provoque une catastrophe.

L'inceste à l'adolescence et le traumatisme sexuel

On ne peut pas ne pas parler ici de l'inceste et du viol, pour en dire *les spécificités à l'adolescence.*
Cette spécificité tient au sentiment, sinon à la réalité, d'une *participation* du sujet qui, pour cette raison, se sent coupable, et le plus souvent d'ailleurs ne porte pas plainte.
– L'inceste à l'adolescence fait souvent suite à un inceste commis pendant l'enfance, qui a cependant changé de caractéristiques : il n'est plus subi passivement mais souvent provoqué. Cela est plus marqué en cas d'inceste fraternel.

– L'agression sexuelle – en dehors du viol criminel – pose, elle aussi, la question de la « complicité » du sujet garçon ou fille. Quand ils ont été surpris par un pervers (dont c'est la jouissance), ils se demandent pourquoi ils ont adhéré au discours du séducteur, sans s'en être rendu compte plus tôt.

Quoi qu'il en soit, le traumatisme laisse des traces qu'il est difficile d'effacer.

Les hésitations du choix sexuel

Il s'agit ici des hésitations entre le choix hétéro et le choix homosexuel. Là encore, cette hésitation est relativement bien tolérée, surtout depuis 1968. Elle correspond à la fameuse bisexualité entrée dans le langage courant, et d'ailleurs relativement incomprise. Classiquement, la bisexualité découle des identifications œdipiennes. Œdipe normal et Œdipe inversé conduisent à des identifications masculine et féminine, chez le garçon comme chez la fille.

Cette hésitation est d'autant mieux admise que l'adolescent doit nécessairement faire des expériences (qui font souvent l'effet d'une vaccination !) ; or une expérience homosexuelle, aussi bien affective que sexuelle (contrairement à ce qu'ont véhiculé certains manuels) peut très bien se terminer par une orientation parfaitement hétérosexuelle.

> *Julien* se pose des problèmes. Avec sa petite amie actuelle il est (relativement) impuissant. Il se demande s'il n'est pas homosexuel. Il faut dire que son père est mort quand il était jeune, et que celui-ci était très dévalorisé par sa mère : comme il le dit : « Il n'y a pas de place pour les mâles dans cette famille. » Son parrain, un frère de la mère, très écouté par celle-ci, est probablement homosexuel, mais Julien n'a jamais cherché à le savoir. Il accuse sa mère de l'avoir « castré »°. Il est vrai qu'il rattache ce sentiment au fait qu'à 10 ans, atteint des oreillons, il a surpris dans un

° Complexe de castration : complexe axé sur le fantasme lié à une impossibilité de se reproduire.

demi-sommeil sa mère lui tâtant les bourses pour se rassurer. Ensuite, sa puberté a été retardée, ce qui lui donne des « complexes ». Plus tard, avec les filles, il comprend qu'il n'a pas de problèmes avec celles qui le maternent et redoute celles qu'il désire. L'homosexualité se manifestera de manière patente dans des *rêves* qui l'inquiètent, mais qu'il rattache à la féminisation que, d'après lui, lui a fait subir sa mère, à qui il s'est partiellement identifié. Ces rêves le feront douter de sa virilité et l'empêcheront de passer à l'acte chaque fois qu'il rencontrera une fille. Et ce jusqu'à ce qu'il fasse la connaissance d'une jeune fille avec qui il décide de vivre. L'homosexualité restera toujours pour lui dans l'imaginaire et ne le préoccupera plus après sa psychanalyse.

Le choix entre hétérosexualité et homosexualité entre, dans cet exemple, dans la question plus vaste du doute, qu'on rencontre dans certaines formes de névrose.

L'adolescent homosexuel

Certains jeunes, à la différence de Julien, se sont toujours sentis homosexuels. Enfants déjà – pour les garçons – ils avaient une attitude féminine, cachée parfois sous une pseudo-passivité ou un caractère trop timide. Cette féminité résulte, le plus souvent, d'une *féminisation* inconsciente de la part des parents. Elle est responsable d'une orientation homosexuelle, qui peut très bien changer complètement à l'adolescence.

La réaction des familles a, elle aussi, beaucoup changé. En tout cas, la réprobation prend souvent maintenant des allures « psychologisantes ».

Loïc, 16 ans, est le préféré de sa mère. Il a des relations très violentes avec son père qui le frappe et qu'il provoque : Loïc a des allures efféminées, se fait faire des « mèches » chez les coiffeurs à la mode, fréquente certains milieux. La mère va voir, seule, un psychanalyste, car elle a fait elle-même une analyse et se demande si tout cela n'aurait pas des causes lointaines. Son mari, un ingénieur commercial, est bizarre avec Loïc : à 6 ans il le traitait de « pédale » ! De plus, Loïc sort de plus en plus, vole dans les magasins, veut devenir chanteur, refuse d'abord de voir un psychologue, puis accepte quand des amis le lui conseillent. À partir de ce moment, il parlera à tout le monde de « son psy » qu'il ne verra qu'une fois. Celui-ci voit débarquer, accompagné d'un ami plus âgé, un très bel adolescent, très à l'aise, et déjà tout à fait entré dans le « milieu homosexuel », ce qui lui permet d'ailleurs de trouver du travail dans un organisme officiel. Loïc a manifestement d'autres préoccupations que de revenir sur le passé. Un passé déjà lointain, et sur lequel il aurait fallu intervenir plus tôt, non pour changer une orientation déterminée depuis longtemps, mais pour éviter ce cycle provocation-répression qui a créé chez lui des troubles du caractère.

L'adolescence du jeune homosexuel continue, malgré les évolutions, de provoquer des drames qui frisent parfois la psychiatrie. Le poids du discours social, repris souvent malgré eux par les parents, reste considérable. Si bien que l'adolescent homosexuel doit lutter sur plusieurs fronts. Cela explique sans doute les risques qu'il prend souvent avec l'épidémie de sida, qui lui paraissent imaginaires ou moindres que ceux qu'il vient d'encourir.

III

LE PROCESSUS DE L'ADOLESCENCE ET SA PATHOLOGIE

La première partie de ce livre a décrit les modifications que subissait l'image du corps à partir de la puberté, la seconde comment l'adolescent interrogeait la famille pour établir ses relations sociales ; je vais essayer de montrer maintenant en quoi ces mouvements peuvent former un véritable *processus* en grande partie inconscient.
Qu'est-ce que cela veut dire ? Eh bien, d'abord, que l'adolescence forme un tout, qu'elle a un début et une fin, qu'elle ne se limite pas à une petite période de la vie mais peut s'étaler entre la puberté et l'âge de 30 ans (environ), enfin et pour conclure, qu'il ne suffit pas de traverser cette période pour faire son adolescence, puisque certains y échappent.
Certains pourront dire qu'il s'agit, dans ces affirmations, d'une appropriation par les psychanalystes d'un phénomène social. D'autres – mais ce sont parfois les mêmes – que l'adolescence n'existe pas et qu'il s'agit d'une invention du XXe siècle. Il faut reconnaître avec humilité et humour que ni les uns ni les autres n'ont entièrement tort.

Il existe en effet plusieurs « adolescences » selon le point de vue où l'on se place. Ainsi peut-on parler d'un aspect physiologique, sociologique, psychologique ou psychanalytique[1].

1. Cf. *Psychopathologie de l'adolescent* par D. Marcelli et A. Braconnier, Masson.

– Sur le *plan physiologique*, sait-on qu'à partir de 12-13 ans les hémisphères du cerveau voient leurs fonctions se fixer irréversiblement (Chomsky) ? En effet, en cas d'aphasie grave (impossibilité organique de parler liée à une atteinte des centres du langage situés dans l'hémisphère gauche) chez l'enfant, l'hémisphère *droit* supplée le gauche et permet de récupérer la parole. Cela n'est plus possible à partir de 12-13 ans.
– Sur le *plan psychologique*, selon le psychologue J. Piaget, l'enfant passe vers 12 ans du stade dit *concret* au stade des *opérations formelles*. Pour donner un exemple, le stade concret est celui qui correspond, en classe de français, à la *rédaction* : racontez vos vacances ! Tandis que le stade formel correspond à la *dissertation* : qu'évoquent vos vacances ?
– Sur le *plan sociologique*, l'ethnologie a montré à travers les *rites d'initiation* comment l'adolescence était, dans certaines peuplades primitives, à la fois reconnue socialement et inscrite symboliquement (parfois dans la chair). Il faut dire à ce propos un fait capital, à savoir que ces rites *résument et raccourcissent* la période de l'*adolescence* : avant ceux-ci on est encore un enfant, après on est adulte. À notre époque et dans nos sociétés occidentales, l'absence de *rites d'initiation* officiels, créés par les adultes, fait que les adolescents vont les inventer eux-mêmes, *voire qu'une certaine pathologie de l'adolescence peut en tenir lieu*.
Toujours sur le plan sociologique, il est vrai enfin que dans une même société, l'adolescence varie énormément d'un milieu social à l'autre.
– Sur le *plan historique*, pour l'historienne Michelle Perrot l'adolescence a été réinventée au XIXe siècle. Elle la décèle, en effet, à la fois dans la production romanesque, puisque le roman d'apprentissage devient un genre littéraire nouveau (Goethe, J. Vallès), et dans la vie sociale et politique : la Révolution française en supprimant les bachelleries (loi Le Chapelier) aurait contribué, selon elle, à créer le problème de l'adolescence en supprimant ce qui était jusque-là son mode d'organisation sociale.

Au XXe siècle, l'adolescence devient médicale (la « crise pubertaire » fait courir le risque de la masturbation et de l'homosexualité), sociale (il existe de nombreuses révoltes dans les collèges, comme celui de Flaubert où l'on oblige les élèves à se confesser) et politique (grèves de la verrerie ou l'on emploie des « gamins »). Dès qu'elle est créée, l'adolescence est vécue comme dangereuse, révoltée et doit être surveillée. Au début du XXe siècle, le journal *Le Matin* – qui tire à un million d'exemplaires – publie une rubrique quotidienne intitulée « Paris-Apache », du nom donné aux bandes qui sillonnent la « ceinture noire de Paris » (celle des fortifications).

L'adolescence, stade psychologique

Le fait de reconnaître à l'adolescence une existence propre lui donne valeur de stade du développement psychologique. C'est dans ce sens qu'on peut dire que tel ou tel n'a pas encore, voire n'a pas « *fait* d'adolescence ». Certaines personnes se plaignent, en effet, de *n'avoir pas vécu* d'adolescence. Or, très souvent, cette impression est corroborée par une analyse plus approfondie.

Juliette, jeune adulte de 28 ans qui a bien réussi socialement, se plaint de relations très insatisfaisantes avec les hommes, ce qu'elle relie elle-même à une dépendance persistante vis-à-vis de ses parents. Elle présente sa mère comme une femme froide et rigide, son père comme un caractériel « régnant » sur son harem (elle a quatre sœurs). Sa mère a toujours dénigré son mari devant ses filles, l'accusant même d'impuissance. Juliette s'est toujours sentie proche de son père qu'elle aime et qui lui marque ostensiblement sa préférence. Or, ce n'est que quelques années plus tard que Juliette revit en psychanalyse son adolescence manquée. « Je n'ai jamais pu dire à ma mère ce que je pensais, je n'ai jamais fait de ces crises où, à l'adolescence, on a quasiment le droit de tout déballer. Maintenant il est trop tard et il n'y a qu'à moi que je puisse le dire. »

Cette absence d'adolescence est ressentie par Juliette comme un *manque*, comme l'évitement d'une *étape normale*. Mais aussi, et surtout, comme quelque chose qui l'*empêche d'être adulte*.

Romain, 27 ans, se plaint d'impuissance. C'est un symptôme passager mais qu'il vit très douloureusement. Il développe un ressentiment contre son père, ressentiment qu'il trouve à juste titre *anachronique*. C'est que son père est allé au-devant de ses désirs, qu'il n'a jamais rien eu à lui reprocher et qu'il n'a jamais pu s'opposer à lui. Romain analyse finement qu'il ressent *actuellement* vis-à-vis de son père l'opposition qu'il n'a pu manifester à 15 ans. Or, ici aussi, cette adolescence ratée entre en ligne de compte dans sa difficulté à être adulte et dans le symptôme dont il souffre.

Si Juliette et Romain font, grâce à la psychanalyse, une adolescence à retardement, et toute psychanalyse est une manière de rouvrir le processus de l'adolescence, certaines personnes ne *feront jamais d'adolescence*. Cela peut se manifester, certes, dans le comportement (les éternels adolescents qui ne résolvent jamais le processus), mais cela peut surtout avoir des répercussions chez leurs propres enfants.

M. et Mme Morin forment un couple étonnant ; ils travaillent tous les deux dans la société qu'ils ont fondée, et remplacent par l'aisance matérielle le temps qu'ils ne peuvent donner à leurs enfants. D'ailleurs, les grands-parents comblent avec plaisir ce manque. Ils vivent tous ensemble dans une grande maison et montrent – une fois n'est pas coutume – que la vie en famille élargie est encore possible de nos jours. L'adolescence de chaque enfant du couple a posé de graves problèmes. Or, M. et Mme Morin ont en commun de n'avoir ni l'un ni l'autre connu d'adolescence : jamais il n'y a eu de séparation véritable entre leurs parents et chacun d'eux. De plus, les conditions matérielles les ont obligés à travailler très jeunes. Du coup, sur le plan affectif, tout se passe dans cette famille comme si les parents directs étaient « court-circuités » en permanence. La mère est restée la fille de ses parents et sa propre fille ne peut plus se « repérer ».

Il y a quelques années seulement, on ne parlait de l'adolescence qu'en tant que *crise*. Mais, s'il est vrai que cet aspect est fréquent, il faut convenir qu'il n'est que la partie visible et démonstrative d'un *processus*, lui-même beaucoup plus long parce qu'il s'étend, en gros, *de la puberté à la trentaine. On peut aussi considérer cette crise, qui n'est pas obligatoire, comme une accélération* et un *déséquilibre* momentané de ce processus. Il n'est donc pas inutile de commencer par parler de cette fameuse crise d'adolescence, pour comprendre ce mystérieux processus.

1

La crise d'adolescence

Une crise est un « moment temporaire de déséquilibre et de substitution rapides remettant en question l'équilibre normal ou pathologique du sujet ». Cette définition peut concerner aussi bien l'équilibre physique que psychologique du sujet. En médecine, classiquement, la *crise* est salutaire. Pour l'adolescence, ce qui fait *crise*, c'est la *rapidité* des modifications psychologiques dues aux forces en jeu : celles, parfois violentes, qui vont cependant dans le sens de la maturation, et celles qui contrecarrent ce mouvement, qu'il faut bien *freiner* pour mieux l'intégrer. La *crise* est donc un *processus* qui va trop vite parce que ses éléments *contradictoires* sont en *décalage* les uns par rapport aux autres.

Les phases de l'adolescence

Mais la crise a le mérite de rendre visible, voire conscient, un processus qui sans cela resterait *muet*, car absorbé par son étalement dans le temps. Cela pose la question des phases de l'adolescence, phases qui *sont très différentes selon l'âge*. Quel point commun y a-t-il en effet entre le besoin d'originalité à tout prix du pré-adolescent, la morosité du jeune pubère, la maturité teintée de nostalgie du post-adolescent ? Mais je ne chercherai pas à les détailler comme un entomologiste, car leur seul intérêt, à mon

avis, réside dans le fait que cet ensemble de phases apparemment disparate fait partie d'un *même* processus. *Si la crise d'adolescence montre tant de contradictions, tant d'incohérence même, c'est bien qu'elle met en jeu des forces opposées pour aboutir* à *une prise de conscience globale d'être « soi dans le monde »* (Georges Amado), ce qui implique forcément l'apprentissage de la solitude et du lien social.
Les exemples de crises d'adolescence pourraient être si nombreux qu'il est préférable de les regrouper pour montrer ce qu'ils ont de *commun* (à la fois dans le sens d'*universel* et dans celui de *courant*) pour en saisir le déterminisme.

□ Les changements de caractère

Ils sont souvent au premier plan, parce que ce sont les plus visibles. Tel adolescent ouvert devient taciturne, tel autre, jusque-là réservé, étonne l'entourage par son irritabilité. Ces renversements, qui font dire aux parents qu'ils ne *reconnaissent* plus leur enfant, sont plus frappants que l'exagération d'un trait de caractère déjà présent. Pourtant, quand on y réfléchit bien, on s'aperçoit que chaque trait de caractère fait partie d'un *couple* d'opposés, à l'instar du célèbre couple introverti-extraverti. On peut donc penser que le trait dominant a empêché l'autre de s'exprimer. À l'adolescence, ce dernier prend, en quelque sorte, sa revanche, pour retrouver ensuite le plus souvent – par un véritable mouvement dialectique – sa place première. Il y a certainement, à l'adolescence, une *affirmation* du caractère qui cherche, dans l'excès, son image adulte.

□ Les changements d'humeur

Plus inquiétants pour l'entourage, les changements d'humeur font souvent penser aux averses de printemps : la plupart du temps, le soleil leur succède aussi soudainement qu'elles sont apparues. Tel adolescent prostré, en proie au cafard le plus intense, peut virer en quelques minutes à l'hyperactivité joyeuse. Bien sûr, une circonstance particulière déclenche souvent ce virage, mais ce n'est pas la règle. C'est que, là aussi, l'exagération dans un sens appelle la bascule dans l'opposé.

Avez-vous remarqué combien il est difficile de rester d'humeur égale ? Un événement heureux provoque chez l'intéressé une euphorie, une excitation qui dépassent toujours la mesure. S'ensuit alors, par contrecoup, une période d'abattement. Voilà un bel exemple d'amorce de cycle qui, dans certains cas, peut devenir pathologique.

Il peut arriver, dans les familles où existent des dépressions de ce genre, que l'on s'inquiète devant les changements d'humeur d'un(e) adolescent(e). Mais, chez l'adolescent, ces états ne sont jamais très longs, leur alternance est rapide et, surtout, ils dépendent à l'évidence des circonstances et de l'entourage.

□ Les changements de comportement

Toute la gamme est possible ici entre l'*opposition*, l'*indifférence* apparente ou affectée, la *pudeur* excessive et le *secret* confinant parfois à la *duplicité*.

De fait, quand on observe une famille, on a l'impression que ces changements de comportement *affectent d'autant moins les parents* qu'ils paraissent les attendre. Et quand ceux-ci les inquiètent suffisamment pour qu'ils consultent, le fait de les rapporter à la crise d'adolescence les rassure (à juste titre). L'explication peut être simple. En voici un exemple : la mère qui remarque que son adolescent est devenu froid, qu'il ne veut plus l'embrasser et qu'il paraît indifférent se doutait déjà que l'idylle qu'elle vivait avec son enfant cesserait un jour. Elle ne s'étonne donc pas de ce changement d'attitude qui confirme, à ses yeux, une affection trop forte.

□ Les changements de goûts

Tout le monde sait que l'adolescent peut se passionner aussi bien pour le métier de son père que pour ce qui paraît en être aux antipodes. L'intérêt sélectif pour tel sport, telle musique, tel écrivain semble d'ailleurs immédiatement *suspect* à l'entourage qui devine derrière cet intérêt subit l'*influence* d'un camarade ou d'un professeur.

C'est le cas de *Grégoire* (déjà cité), futur carrossier, dont les parents divorcés s'inquiètent à cause d'une baisse de rendement scolaire. J'apprends assez vite que Grégoire, qui, dit-on, ne s'intéresse à rien, apprend le Coran pour se convertir à l'islam et fait tous les jours la prière musulmane. Cet exemple fait sourire parce qu'on imagine tout de suite l'influence d'un camarade pour expliquer cette « conversion ». Aux dernières nouvelles, et malgré les événements dramatiques ayant opposé dans sa banlieue des Maghrébins aux policiers, Grégoire continue de pratiquer et de se faire respecter pour cette raison des Arabes, même incroyants.

Bien entendu, l'envers de la passion, c'est le désintérêt, l'ennui et le vide qui d'ailleurs peuvent lui succéder, voire coexister.

□ Les changements du comportement instinctuel

Leur caractère *impérieux* peut avoir quelque chose d'angoissant. il semble, en effet, dépasser l'individu : « C'est plus fort que moi », tel en est le leitmotiv. Cette particularité, qui en fait quelque chose de diabolique car elle semble échapper totalement à la raison, est un des traits de ce qu'on appelle la *pulsion*.

Ce terme inventé par Freud à partir d'un mot qui signifie *poussée* a eu un tel succès qu'il est passé dans le langage courant. Si Freud en faisait un « concept charnière » entre le biologique et le psychologique, l'homme du commun l'utilise dans une acception sexuelle, qui en fait un besoin, excusable comme tel. Cette façon d'en parler la distingue de l'*instinct* animal et l'*ascèse* en constitue le contrepied.

Les pulsions se rattachent effectivement aux *besoins* (manger, déféquer, se reproduire), mais aussi aux *sens* (voir, toucher, etc.) d'où le mélange de contrainte et de plaisir qu'elles véhiculent.

Si Freud a pu ensuite scinder les pulsions en *pulsion de vie* et *pulsion de mort*, c'est que la pulsion, d'abord rattachée aux besoins vitaux, pouvait précisément les contrecarrer au nom d'une jouissance supérieure.

Cela dit, il est vrai que les comportements pulsionnels de l'adolescent semblent parfois tellement changer en qualité et en quantité qu'on en parle comme d'un instinct, même et surtout s'ils vont dans le sens contraire de l'instinct animal.

C'est le cas de l'anorexie (absence de faim), de la boulimie (fringales impérieuses), ou encore de la frénésie sexuelle, qui inquiètent parce qu'elles dépassent la mesure et anéantissent ainsi la volonté de l'adolescent. Bien entendu, tous les degrés sont possibles, depuis les épisodes mineurs jusqu'aux cas pathologiques.

La crise d'adolescence présente donc ces *alternances* de couples d'opposés, ces *bascules* rapides d'un état à un autre, qui signalent qu'un processus se fait en profondeur.

2

Le processus de l'adolescence : un mélange entre le *défi* lancé au monde adulte et le *deuil* de l'enfance

Si l'on veut comprendre en profondeur l'adolescence, sans se perdre dans ses aspects spectaculaires ou pathologiques, il faut tenter de rapporter toutes ses manifestations à l'essentiel.

Or, l'essentiel tient en deux mouvements, qui peuvent être vécus comme contradictoires. C'est ce qui explique l'aspect paradoxal de l'adolescence, écartelée entre l'attrait du monde adulte que l'on veut refaire et la nostalgie de l'enfance que l'on abandonne, car elle est un changement de l'être, pris lui-même dans l'aventure du monde. C'est ce qui explique que l'adolescence évolue selon les âges et qu'elle vise *non pas à imiter* les parents mais à *les dépasser*, et cela avec leur plein assentiment.

Car eux aussi vivent une crise en miroir de celle de leurs enfants, que l'on a pu appeler la *crise parentale*. Quand leurs enfants atteignent l'âge de l'adolescence, les parents sont à peu près au milieu de leur vie, période critique où l'on dresse le bilan de ce qu'on a fait, où l'on s'interroge sur le sens de sa vie et ce qu'on laissera sur terre. On compare tout cela avec ce qu'on avait rêvé de réaliser à l'adolescence et la réalité est parfois amère. C'est pourquoi l'adolescence de ses enfants est une façon de relancer l'imaginaire et le désir. On projette sur eux ce qu'on aurait voulu être et qu'ils pourront peut-être réaliser grâce à la petite avance qu'ils ont acquise grâce à nous.

Ces deux mouvements qui résument l'adolescence sont complé-

mentaires. L'un est *progressif*, il vise à dépasser les parents, et ce dépassement peut être appelé un *défi*. Car c'est un défi lancé au monde en même temps qu'aux parents : je vais arriver à faire ce que vous n'avez pas pu faire à votre époque. Le défi va dans le sens de l'affirmation de soi, de l'enthousiasme juvénile avec sa part de mégalomanie. Mais ce défi n'est pas isolé. D'une part, aller de l'avant peut donner le vertige, d'autre part, chaque progrès, chaque pas en avant est irréversible ; ce qu'on gagne sur le plan de l'autonomie, par exemple, est perdu sur celui du maternage et bien des adolescents voudraient parfois revenir en arrière. Appelons ce mouvement régressif le *deuil* de l'enfance.
Ces deux mouvements s'équilibrent souvent, les bénéfices de l'accession à l'âge adulte compensant les pertes des avantages de l'enfant. Mais il arrive qu'ils soient décalés, et c'est ce décalage qui explique la pathologie *de* l'adolescence.

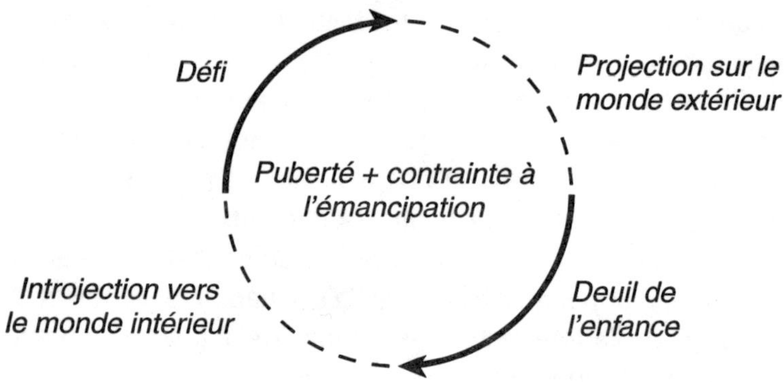

Le défi

Pourquoi reprendre ce terme issu de la chevalerie ? Bien sûr, parce que l'affirmation adolescente lance un *défi* de ce type à la société adulte à laquelle elle s'affronte. Ce défi n'est pas forcément conscient ni spectaculaire. Il n'en est pas moins stimulant pour qui a le sens de la compétitivité : c'est le fils qui entre dans une école d'ingénieurs plus cotée que celle de son père, par exemple. Ce défi-là n'est pas forcément conflictuel car l'adolescent réalise parfois le rêve de ses parents, comme ce fils de médecin qui fait la brillante carrière de pianiste dont avait rêvé son père. D'ailleurs, les crises d'adolescence les plus bruyantes sont loin d'être les plus productives !

Un certain degré d'affrontement existe toujours plus ou moins entre père et fils. Chez certains le souhait de dépasser le père peut s'appuyer, ou même naître d'une rivalité mal digérée ; cette rivalité évoluera à l'adolescence, plus en conflit tournant au désavantage du fils qu'en véritable désir parvenant à sa réalisation dans une réussite intellectuelle, sociale ou professionnelle. Chez d'autres, au contraire, le père fait figure de modèle. Non pas un modèle écrasant, mais un idéal personnel, qui permet de suivre les traces du père et d'aller plus loin que lui. Quelquefois aussi – les exemples de ce genre sont légion, la rivalité se transforme en défi constructif. Il en est de même entre la fille et la mère.

Pourquoi dans un cas nous engluons-nous dans une *pathologie* qui s'auto-entretient dans l'échec, alors que dans d'autres, les effets positifs de la compétition profitent à tout le monde ? Chacun, je pense, a sa réponse.

Qu'est-ce que le défi adolescent ? C'est, tout simplement, le désir d'affirmation de soi. Cela veut dire : penser par soi-même, agir de son propre chef. Bien sûr, ce défi est évident quand il vise le pouvoir du père, mais je pense qu'une touche de défi est toujours présente dans la manière de penser et d'agir de l'adolescent. Pourquoi ? Parce que si, jusque-là, l'enfant était capable de désirer, c'était, sinon pour ses parents, du moins en référence permanente à leur volonté. À l'adolescence, il faut exister par soi, et cela oblige à passer à l'acte, par un acte *inaugural*. La première fois a toujours un caractère extraordinaire quel que soit l'âge : c'est une véritable épreuve avec un *avant* et un *après*. Avant, il y a la somme de ce qu'on a imaginé. Après... ce n'est plus comme avant puisqu'on est maintenant dans la réalité. Or, à l'adolescence, il y a vraiment beaucoup de premières fois ! De plus, dans épreuve il y a « preuve » : on doit prouver ce dont on est capable et ce qu'on vaut par rapport aux autres ; cela implique donc d'être seul. L'adolescent se méfie souvent des encouragements et des aides qu'on lui propose, il veut être seul responsable de sa décision. De plus, le fait qu'il agisse de la sorte pour la *première fois* lui ouvre un espace encore jamais entrevu : celui de la réalisation dans tous les sens du terme. C'est là la grande différence avec l'enfance. Désormais il réalise ce qu'il ne pouvait qu'imaginer, et cette réalisation donne une nouvelle dimension à la réalité.

« À 15 ans, me dit Martin, j'ai eu l'impression de sortir d'un long hiver. C'est comme si j'avais été enfermé des années dans le noir et que je sortais enfin en pleine lumière. »

Certains adolescents attendent avec impatience la puberté, alors que d'autres la subissent passivement. C'est que pour les uns elle constitue un signe de la réalisation d'un désir, alors que pour les autres elle a exactement la signification contraire, celle d'une perte de l'illusion infantile.

Ce sont ces modifications corporelles qui sont à l'origine du défi. Car, quand elles sont espérées, elles sont vécues comme une sorte de *miracle* et sont à l'origine d'un sentiment, parfois fugace mais bien réel, de *toute-puissance*. C'est justement cette toute-puissance qui constitue le noyau du *défi*.

Le deuil

Le deuil semble plus facile à expliquer que le défi. Il naît de la *contrainte à l'émancipation*, cette contrainte paradoxale, puisqu'elle oblige les parents à pousser l'adolescent à s'éloigner des comportements et des choix infantiles. Mais si la contrainte semble venir des parents, le deuil, si j'ose dire, ne se commande pas :

c'est l'adolescent lui-même qui est obligé d'abandonner certaines positions parce qu'il en choisit d'autres, ce qui n'est pas négatif.

Un exemple fréquent illustre bien ce fait. *Jean-Patrice* est un adolescent en pleine santé qui souffre d'un échec scolaire qu'il surmontera plus tard. Pour l'instant, il est pris dans un dilemme : très attaché à sa bande de copains, il vient de tomber amoureux d'une jeune fille. Celle-ci préfère bien entendu se retrouver en couple avec lui, ce qui l'empêche de voir ses copains. Pendant une longue période, il vivra difficilement cette situation, parce qu'il la perçoit comme une alternative. Laisser tomber ses copains est pour lui réellement déprimant, alors qu'il a tendance, au bout d'un certain temps, à s'ennuyer en présence de la jeune fille et que vivre en couple lui semble très prématuré et angoissant. Les enseignants connaissent bien ce genre de contradictions : en classe de troisième, me disait l'un d'entre eux, on vit en groupe, en seconde on vit en couple, c'est-à-dire qu'on se tient par la main en restant dans le groupe.

Certains adolescents peuvent vivre très différemment, et bien entendu sans qu'il y ait l'ombre d'une pathologie, l'éloignement de l'enfance.

Pour *Élisabeth*, l'adolescence c'est la découverte que le monde est fait de « magouilles ». « Quand on est petit, on voit tout le monde beau et gentil, quand on est adolescent on s'aperçoit qu'en fait il y a des problèmes partout. » Il faut dire que, pour elle, l'adolescence coïncide avec la séparation définitive de ses parents, et avec surtout le départ de son père à l'étranger, ce qu'elle vit comme une véritable trahison.

Il s'agit donc dans ce *mouvement de deuil* – seconde face, avec le défi, du processus de l'adolescence – d'un état affectif normal, qui serait plus préoccupant peut-être par son absence totale que par certaines manifestations exagérées ou morbides. Cet état peut prendre des formes variées. Normalement, c'est la classique déprime qui est douloureuse mais ne dure pas. Elle suit la plupart du temps une déception amoureuse°. Parfois, au contraire, c'est un état de tristesse plus ou moins permanent, qui doit alerter l'entourage car il n'est pas normal d'être déprimé et l'on risque de dépasser ici les limites du processus de l'adolescence.

"S'attachant à découvrir le faux et le ridicule..."
La Bruyère.

° Situation de frustration, c.-à-d. désappointement dû à l'échec d'un sentiment ou d'une passion restée sans écho.
Sentiment d'infériorité : impression pénible d'être inférieur (à la morale, aux autres, à un idéal désiré). "L'homme qui est atteint du complexe d'infériorité peut avoir des vertus réelles et précieuses, il n'en tire pas le moindre parti." G. Duhamel.

3

Les contretemps du processus : les crises d'adolescence difficiles

Un problème de définition

1) À partir du moment où l'on a défini l'adolescence comme un processus normal et normalisant, comprenant deux mouvements symétriques, opposés et complémentaires, le *défi* et le *deuil*, il paraît logique que ce modèle idéal puisse présenter des anomalies. Mais ces anomalies, pour inquiétantes qu'elles soient, continuent de participer de l'adolescence. Elles sont, en somme, des crises d'adolescence particulièrement difficiles, mais *dont le remède s'appelle souvent patience et longueur de temps.* Ces anomalies vont soit dans le sens du *défi* – je les englobe sous l'appellation *fuite en avant* –, soit concernent le deuil et peuvent se regrouper autour de la notion (typique de l'adolescence) de *morosité.*
2) À côté de cette pathologie, existent bien entendu tous les troubles *non spécifiques* de l'adolescence mais qui, du fait de l'âge et du processus en cours, présentent un aspect bien particulier *(angoisse, inhibition, dépression)*. Nous les aborderons avec « Les avatars du processus » (p. 131 sq.).
3) Enfin un troisième groupe est constitué par des troubles qui sont eux *caractéristiques* et *spécifiques* de l'adolescence... parce qu'*ils tentent de s'opposer radicalement à l'adolescence comme processus.* Ces troubles ont tous à voir avec la *mort.* Mort lente

passive, mort brutale active, mais mort de l'individu qui ne peut supporter la renaissance qui s'opère malgré lui. Ce sont bien sûr la *maladie mentale*, l'*anorexie*, le *suicide* et la *drogue* (voir aussi p. 144 sq.).

L'équilibre de l'adolescence

L'adolescence – à moins qu'elle ne se déroule sur de longues années qui en absorbent les soubresauts – est nécessairement une période instable : défi et deuil sont contradictoires, même s'ils se complètent. En tout cas, il paraît évident que le positif et le négatif ne peuvent se contrebalancer constamment à un instant donné. C'est à mon sens ce qui explique cette alternance de *déprime* et d'*euphorie* qui est une des caractéristiques de l'adolescent et constitue parfois à elle seule *la crise d'adolescence « normale »*. Cette alternance est le plus souvent liée aux premières relations amoureuses, car l'adolescent est profondément dépendant de cette relation qu'il apprend à pratiquer. La *dépendance* est accentuée par le fait qu'il (elle) veut apprendre seul(e) – est-ce possible autrement ? – et qu'il (elle) n'est pas suffisamment aguerri(e) par l'expérience – mais est-ce sa faute si c'est la première fois ?

Fugues et conduites à risque (les pièges du défi)

Parfois, l'adolescent pousse le défi envers lui-même jusqu'à jouer avec la mort. Ce sont certaines *conduites à risque*, redoutables car fréquentes, et qui vont de l'expérience de la drogue aux conduites sexuelles frénétiques, en passant par les fugues ou la délinquance. *La fugue* mérite une mention spéciale par sa fréquence à l'adolescence et par sa signification complexe :
1) Indéniablement se joue là une épreuve de *force*, parce que

l'adolescent sait que, tôt ou tard, les parents sauront où il (elle) se trouve et négocieront. Il y a un chantage très fréquent qui vise à obliger les parents à changer d'attitude, à reconnaître qu'ils se sont trompés.

2) *La souffrance est non moins certaine* : « La fugue est une sorte de suicide », me disait un adolescent. De fait, l'adolescent qui part croit tout perdre. Il ne supporte plus la situation intolérable qui lui est faite : cela est particulièrement vrai dans le cas d'inceste. Mais j'ai connu un adolescent qui fuguait pour éviter les émois que lui causait l'attitude trop affectueuse de sa mère, qui ne reconnaissait pas qu'il était devenu adulte.

3) La fugue est une *absence-présence*. Quoi de plus fort pour marquer sa place que d'en partir ? Cette absence oblige tous les protagonistes à se questionner. La fugue pose une question. Cette question n'est pas univoque.

Les parents savent bien que chaque étape de la vie comporte un risque nouveau : traverser la rue tout seul pour aller à la « grande école » en est un exemple banal. L'adolescence multiplie ce genre de risques et il est parfois difficile pour les parents de faire la distinction entre une conduite à risque qui est une tentative de suicide inconsciente, et le risque normal qu'ils doivent accepter. De jeunes adolescents décident par exemple de partir en Asie du Sud-Est. On ne pourra pas les joindre, les conditions d'hébergement sont précaires, le pays peu sûr. Mais ils ont préparé longuement leur voyage qui va leur apporter une expérience inoubliable. Les parents ne peuvent qu'accepter. En revanche, tel jeune adulte décide de faire le tour du monde, sans argent et sans aucune préparation, parce que sa vie est vide de sens. Il part sans prévenir personne comme pour une fugue. Le voyage est pour lui une fuite devant les responsabilités : il reviendra très vite car n'ayant pas de visa, il se fait refouler à la frontière. Tel autre adolescent se lance dans un sport dangereux, le Deltaplane. Mais ce sport a ses règles, ses clubs, et si les parents sont si inquiets, c'est qu'un oncle du jeune homme est mort en le pratiquant.

On a l'impression souvent que dans nos sociétés confortables, l'adolescent cherche des rites de passage dans le monde adulte : ne les trouvant pas dans la société, il les invente.

Jean-Patrice a un remède radical contre certaines crises de cafard : il prend sa moto et roule à folle allure sur l'autoroute. L'angoisse du risque supprime l'angoisse de vivre et guérit son « énervement », énervement dont se plaignent beaucoup d'adolescents (voir p. 131 sq.).

Éric n'arrive pas – selon lui – à se faire entendre de ses parents. La fugue le tente le jour où ses parents l'emmènent consulter un psychologue. Il rentre chez lui seul et avale le contenu d'une bouteille de whisky. Il en sera quitte pour une nuit d'hôpital.

Ces conduites, qui se rencontrent presque exclusivement chez le garçon, s'apparentent à ce qu'on appelait au Moyen Âge une *ordalie*, et qui a été à peu près universelle dans les civilisations les plus diverses. C'est une pratique qui consiste à infliger une épreuve physique mettant la vie en danger et dont l'issue est considérée comme le jugement de Dieu. Si le suspect réchappe du feu, de l'huile bouillante, de l'eau... c'est qu'il est innocent. S'il meurt, c'est la « preuve » qu'il était coupable.
Le rôle des parents est donc une fois de plus difficile. Comment distinguer, en effet, une conduite provocatrice, qui est un appel déguisé, et une vitalité débordante ? C'est un problème d'autant plus difficile que la limite entre les deux est parfois floue. On ne saura dans ces cas que conseiller le dialogue ; lui seul permettra de faire la différence et, là encore, il n'est jamais superflu de demander une aide ponctuelle. Mais il est vrai que, de toute façon, l'adolescent est seul pour faire ses expériences et que la vie est faite de risques.

La morosité et le nihilisme (l'échec du deuil)

C'est le grand spécialiste Pierre Mâle, le premier à s'être intéressé à l'adolescence, qui a parlé de la morosité, cette impression de *vide* et d'*ennui* qui peut faire le lit de toutes les conduites graves (délinquance, drogue, suicide), bref, qui peut faire basculer le jeune dans une tentative de rupture de processus : « C'est un état, écrit-il, qui manifeste un *refus d'investir* le monde, les objets. Les êtres, les choses sont sans intérêt, glissent. L'accrochage à une certaine réalité gratifiante est difficile : les projets d'avenir, les motivations même de la vie sont souvent refusés : "rien ne sert à rien, le monde est vide"... Ces formules sont compatibles avec une énergie apparemment conservée. Elles sont actuellement [1971 !] extrêmement fréquentes, et nous ne pouvons que signaler ici les causes socio-économiques éventuelles, ou tenant à l'originalité d'une génération pour expliquer leur recrudescence. »
La morosité est une sorte de dépression sans cause, ou plutôt sans objet, car il n'y a pas eu d'*investissement* : l'*investissement*, qui a un sens militaire au départ, dit bien qu'il s'agit de *placer* son désir sur quelqu'un ou sur quelque chose d'une façon authentique, c'est-à-dire ni superficielle ni irraisonnée.
En ce sens, l'adolescent morose nie à tel point les gratifications qu'apporte la jeunesse qu'il passe à côté sans en profiter. La morosité, c'est l'absence de défi, c'est le deuil de l'enfance poussé à l'extrême. Dans certains cas, on peut même dire que la morosité est, en soi, un défi caricatural :

Isabelle, 14 ans, consulte en pédiatrie pour des douleurs abdominales. Devant l'échec de tous les examens, elle accepte de parler à un psychologue. Cependant, elle voit tout négativement. Elle ne comprend pas qu'on s'intéresse à elle, d'ailleurs elle pense qu'on fait semblant. Tout le monde, en particulier les médecins, lui semble hostile. Sa sœur a consulté pour des douleurs au genou,

> on lui a dit que c'était « psychosomatique ». Évidemment, « la société est pourrie, l'amour, une invention des adultes ». Néanmoins, Isabelle reste prudente, elle a peur des effets de la drogue, sinon elle aurait bien essayé « pour voir ». Cependant, derrière cette négativité, on sent que, d'une certaine façon, elle « prêche le faux pour savoir le vrai », bref, qu'elle en rajoute un peu pour qu'on infirme ses propos, peut-être pour pouvoir s'opposer à son interlocuteur.

Il y a souvent une opposition factice de ce genre dans la morosité. On retrouve aussi, bien sûr, tout ce que la doctrine philosophique du *nihilisme* a pu produire. Chez des jeunes, cela peut avoir l'effet dévastateur qu'on retrouve – à l'extrême – dans l'idéologie de certains terroristes politiques. Ce qu'il y a de dangereux dans cette idéologie, c'est précisément la *négation* de toute dépression : l'adolescent refuse de reconnaître qu'il est déprimé ; non, la dépression est ailleurs, elle est partout... alentour : c'est la société qui est triste, ce sont les gens dans le métro qui ont une sale tête, la vie qui n'a aucun intérêt, etc. Le sujet, lui, lutte pour changer tout ce qui l'entoure, excepté lui-même. On sait à quelles extrémités a pu conduire ce type de raisonnement.

4

L'objectif de l'adolescence

Le but du processus de l'adolescence est apparemment simple : assumer son sexe. Cela suppose que deux conditions soient remplies. De ces deux conditions, l'une est fortuite – trouver un partenaire –, l'autre plus fondamentale – trouver son identité sexuelle. Or, ni l'une ni l'autre de ces conditions n'est simple pour l'adolescent.

Trouver une âme sœur est capital pour l'adolescent : c'est une manière pour lui d'exister, de se faire reconnaître pour la première fois en dehors du milieu familial, de se poser comme adulte. Mais à cause de toutes ces raisons, le partenaire a une importance à la fois considérable et fragile : il est la preuve que l'adolescent est capable d'avoir une relation et devient donc une sorte de juge, mais en même temps cette relation peut casser apparemment très facilement.

C'est que l'adolescent se cherche dans l'autre. L'autre le renvoie constamment à ce qu'il est. Cependant, comme il ne sait pas encore tout à fait qui il est, c'est l'autre qui va le révéler à lui-même. L'adolescence est donc le moment où l'on se construit seul mais aussi à travers ses choix, et les ruptures sont autant d'expériences instructives. La recherche du partenaire, le choix d'objet comme le disent les psychanalystes, est essentielle, parce que ce partenaire incarne une réalité à laquelle se confronte l'adolescent.

Voici un exemple qui illustre comment le partenaire va aider à corriger une mauvaise image de soi :

Catherine, 17 ans, ne supporte pas sa poitrine (image de soi). Avec les garçons, elle se sent, dit-elle, « castrée ». Ou, plus exactement, sans sexe. Elle ne se sent pas dans un corps de femme, mais comme une « chose » trop petite. En même temps, avec les femmes, elle est dans un rapport de compétition masculine. Elle explique tout cela par le fait qu'elle a l'impression d'appartenir au corps de sa mère et que son père ne compte pas pour elle. Ce sont les premiers rapports sexuels qui vont la transformer, faire d'elle une femme. Son ami actuel est très idéalisé et joue pour elle un rôle aussi essentiel qu'un parent (il ressemble à un oncle qu'elle aimait beaucoup). Elle se sent donc très dépendante de lui.

La recherche de l'âme sœur

S'il est un domaine où la contrainte à l'émancipation est insistante, c'est bien celui-là ! L'entourage guette le (la) premier(e) petit(e) ami(e) avec plus ou moins de discrétion, mais une angoisse certaine quand le délai qu'on se fixe inconsciemment expire.

Marc, 16 ans, est fils unique. Il a toujours eu des difficultés scolaires et sa mère a passé toutes ses soirées à l'aider à faire ses devoirs. Il est suivi depuis sept ans en psychothérapie. Le père, cadre commercial, n'intervient guère dans l'éducation de son fils, d'ailleurs il a un peu l'impression que c'est le domaine réservé de sa femme. À part un ami qu'il voit assez souvent, Marc n'a aucun copain, bien sûr aucune relation féminine, et ne sort jamais. C'est un garçon très passif, un peu maniaque, dont la scolarité semble être le seul problème. Mais ses parents s'inquiètent parce qu'il ne les quitte pas. Mieux, il se plaît en leur compagnie et en celle de leurs amis. Ainsi, pendant les vacances, les enfants de ces amis ont formé une bande de jeunes qui sortait à part. Eh bien ! Marc ne les a jamais suivis et, bien qu'ils soient de son âge, a préféré rester avec ses parents.

Dans ce cas, plus fréquent qu'on ne l'imagine, plus les parents insistent, plus l'adolescent s'agrippe à son refus. Dans d'autres cas, au contraire, le jeune s'oblige presque à « draguer ».

Benjamin (p. 66), que son père incite aux relations sexuelles avec une femme plus âgée, m'explique comment il s'y prend avec les filles : puisque j'ai un blocage avec Julie, j'en essaie une autre ! Cette dernière ayant semble-t-il jeté son dévolu sur lui, il décide brusquement de s'asseoir sur ses genoux dans son groupe de travaux dirigés. À ce moment-là, les autres se mettent autour d'eux pour se moquer de lui et il est très gêné.

Chez Benjamin, il y a une véritable contrainte à avoir une amie, cette contrainte l'oblige malgré lui – car il est timide – à plagier un comportement provocant, que les autres perçoivent sans vraiment le comprendre : ils vont lui faire la leçon, et c'est à eux qu'il va se mesurer. Cet exemple illustre l'utilité, à l'adolescence, du *groupe* qui joue le rôle d'un adulte et aide ainsi à la socialisation du désir.

L'Idéal et la projection

On pourrait, bien sûr, citer d'innombrables exemples concernant le choix du partenaire. Certains mettent la barre très haut : leur partenaire idéal est impossible à trouver. C'est que chez l'être humain, l'idéal est parfois tellement exigeant qu'il devient une contrainte qui empêche toute rencontre.

Un exemple de cela est donné par *Juliette* qui parle des rencontres qu'elle arrive à faire maintenant grâce à son analyse, rencontres basées sur cet Idéal qu'elle nomme ses *valeurs* : « Mes valeurs sont fluctuantes... ça fait bizarre de donner soi-même leur valeur aux relations que je peux avoir. Avant, je donnais des valeurs *au-dessus de mes forces*, alors que maintenant je commence a connaître mes forces. »

Juliette dit bien comment le choix du partenaire est soumis aux exigences de l'Idéal. Mais Juliette est une jeune adulte, elle ne cherche ni à imiter quelqu'un, ni à plaire à quelqu'un qu'elle admire. Bref, elle ne *projette* pas son Idéal sur une personne, et elle dit bien que ce sont *ses* valeurs. Ce genre de projection est beaucoup plus fréquent chez l'adolescent, aussi faut-il dire en deux mots de quoi il s'agit.
On retient en général de ce concept psychanalytique passé dans le langage courant le côté actif : je projette d'abord mes propres pensées ou mes propres sentiments sur autrui, qui me semble ensuite et de ce fait dire des choses qui me concernent. Il existe donc deux temps dans ce phénomène, et en réalité le premier temps, c'est-à-dire la projection active, est oublié (ou refoulé) par le sujet chez qui seul le second temps est conscient. La projection est un moyen de *défense* de l'individu contre des prises de conscience gênantes.
L'adolescent projette donc son Idéal sur une personne (voir plus loin l'idole, le leader, le premier amour) pour des raisons évidentes : l'Idéal est bien trop contraignant quand on l'assume tout seul. Ce phénomène joue donc dans le choix du partenaire qui est souvent paré des vertus de l'Idéal. Voici un exemple qui montre comment l'Idéal est lié au complexe d'Œdipe, et comment par ce biais le complexe d'Œdipe influence inconsciemment ce choix.

Élisabeth, 15 ans, déprimée de ne pas revoir son père, est prise entre sa rage contre lui et l'idéalisation : c'est un minable, un macho qui préférait faire de la musique avec ses copains que de s'occuper de sa famille... De plus, il l'accuse d'être à l'origine de son départ. Parlant ensuite d'un petit copain dont elle ne veut plus, Élisabeth reprend dans sa description des termes identiques à ceux qu'elle a utilisés pour parler de son père. En outre, ce garçon fait de la musique... elle se rend compte en en parlant qu'elle l'avait choisi à son insu à l'image de son père.

"L'Idéal offre aux adolescents de si attrayants mirages."

De l'Idéal au groupe : la socialisation de l'adolescence

Deux images de l'adolescence sont classiques. Ce sont la *bande* (ou le groupe) et l'*idole* (ou le leader). Ces deux images sont à l'opposé l'une de l'autre, même si elles sont complémentaires (dans le cadre précisément de la bande qui « tient » grâce au chef). Elles sont contradictoires parce que asymétriques : l'idole est intouchable, érigée en quasi-divinité, alors que, dans la bande, tout le monde est à égalité.

Il ne faudrait pas croire que ces images ne concernent qu'une catégorie d'adolescents. Sous d'autres formes que la bande, les adolescents ont autant besoin d'une figure de héros auquel s'identifier que de copains, qui sont des alter ego et n'ont rien à voir avec le monde des parents.

On retrouve, en effet, ce qui caractérise la psychologie de l'adolescence : le héros est l'incarnation du défi que lance l'adolescent au monde adulte, le groupe des copains le lieu où l'on cultive la *morosité* commune. L'un ne va pas sans l'autre : pas de défi sans deuil, pas de deuil sans défi.

L'idole, le leader, le premier amour

Je réunis dans un même paragraphe ces images qui correspondent à la même chose.

" Quiconque excède les limites que la moyenne des hommes s'assigne exerce une sorte de fascination. "
DANIEL-ROPS.

□ L'idole

Roger est littéralement amoureux d'un chanteur leader d'un ensemble de musique reggae. Ce chanteur a un « look » androgyne qui fascine Roger : il se met du rouge à lèvres, tout en gardant un aspect masculin. De plus, sa réussite lui donne une auréole sociale. On voit l'intérêt de cet « amour » pour Roger. D'une part, il lui permet de représenter (projeter si l'on préfère) sa bisexualité : très lié à sa mère et à ses sœurs, Roger est fixé à elles, et cela entraîne chez lui une relative *identification féminine* dont il ne sait que faire. D'autre part, ce chanteur, comme personnalité, reste fort lointain et Roger ne risque en aucun cas une réalisation quelconque de cette bisexualité fascinante et redoutée.

□ Le leader

Le leader du groupe permet, lui aussi, des projections multiples. S'il n'est pas androgyne, comme le chanteur de *Roger*, le leader, lui, peut du moins tout se permettre. Il peut précisément se permettre ce que le vulgaire n'ose pas. Or, les adolescents sont obligés, par la contrainte à l'émancipation, d'accomplir des réalisations qui les angoissent. La bande leur permet un *compromis* (comme pour l'idole) : la réalisation est différée pour tous, sauf pour un seul, le chef, qui joue le rôle de modèle (projectif), parfois d'initiateur et, dans tous les cas, de rempart contre l'angoisse.
Cela dit, le plus souvent ce rôle de *leader* est inconscient. Interrogés, les membres d'une bande prétendent tous être à égalité et n'avoir aucun chef qui les commande : et pour cause ! Ils obéissent avec tellement de plaisir qu'ils ne s'en rendent pas compte et devancent les ordres !

□ Le premier amour

Claude, 17 ans, est tombé amoureux de Clara. C'est un secret qu'il n'a avoué à personne. Il en parle comme s'il était en couple avec

"Certains caïds attirent des adolescents, comme un bout de viande faisandée attire les mouches."

elle, alors qu'il ne lui a pas encore adressé la parole ! Il la frôle dans le bus qui les conduit au lycée, il pense qu'elle le connaît mais ne se doute de rien. Il dit : « C'est mon idole » ; le soir il lui parle et se sent moins seul. Il ajoute : « Je veux lui donner ma pureté. » Il comprend qu'il en fait un *idéal*, et, comme idéal, quelque chose de fondamentalement inaccessible. Il ne faut surtout pas parler à Clara, cela risquerait de faire s'effondrer toute cette construction.

Comme l'idole, comme le leader, le premier amour a pour fonction d'empêcher la réalisation des désirs jugés trop angoissants. Comme l'idole, il peut être bisexué, ou homosexué, sans que cela entraîne forcément une évolution de cet ordre chez le sujet.
Ces figures sont toutes des incarnations (si l'on peut dire tant leur fonction est désincarnée !), d'une sorte de conscience morale idéalisée et intériorisée qui va dominer l'adolescence et que les psychanalystes appellent l'Idéal du moi. J'ai esquissé son utilité à propos du cas de Juliette (p. 119) : l'Idéal du moi, qui est une partie inconsciente de la personnalité, c'est le fait qu'au lieu d'être projeté sur quelqu'un, un gourou, un chanteur, un homme politique, etc., l'Idéal de tout individu, et de l'adolescent en particulier, va progressivement être intériorisé, c'est-à-dire endossé par soi et pour soi : c'est cela le processus de l'adolescence.

Le groupe, la bande, les copains, les sectes

Comme l'idole, le leader, l'élu(e), le groupe a une fonction de protection. Mais à la différence des trois premiers, cette protection est encore plus efficace, car elle est basée sur une surveillance mutuelle, qui vise à éviter les différences.
Le groupe supporte très mal la différence puisqu'il se constitue *contre* elle. C'est d'ailleurs ainsi qu'il réagit à l'immixtion d'un nouveau, lequel doit montrer « patte blanche » avant d'être intro-

duit. Sur quoi repose cette absence de différence sinon sur la nécessité de cacher son individualité ?

Martin veut aller en internat, parce que là au moins, tout le monde « fait la même chose en même temps ». Il ne peut donc y avoir de jalousie, moule du désir. Il s'agit dans le groupe de se reconstituer contre l'individualisme, contre les adultes aussi qui poussent ce désir à se manifester. Paradoxalement les adolescents, si jaloux de leur liberté et si soucieux de ne pas se laisser influencer, trouvent cependant dans le groupe ou la bande le plus beau vivier des dominations les plus diverses. Ils diront ensuite qu'ils ne pouvaient faire autrement, même s'ils ne pensaient pas pareil que les autres.

Ces quelques lignes suggèrent le danger, à l'adolescence, des *groupes organisés* comme le sont les *sectes*. Ces groupes, en effet, se veulent à la fois *dirigés contre* (la société, etc.) et représentants d'une *certaine « légalité »* (grâce à leur importance et à leur organisation qui éloigne les chefs des exécutants, évitant toute « confrontation »). Les sectes jouent ainsi sur tous les tableaux de la psychologie de l'adolescent.

Il est certain que la meilleure prévention de ce phénomène est fournie par un milieu familial solide. En tout cas, on comprend qu'il faille, dans certains cas, faire preuve d'autorité quand la volonté du sujet a manifestement été abusée.

Agressivité : réactions d'opposition à l'entourage
Instinct d'agression : instinct fondamental de l'être vivant, lié selon les uns à la destruction, selon les autres à l'affirmation de soi.

L'adolescence "transforme l'effroi du mystère en une attraction sublime." Martin du Gard.

IV

PATHOLOGIE ET ADOLESCENCE

La pathologie du processus de l'adolescence peut être résumée comme l'exagération de l'un ou l'autre de ses deux aspects : soit le caractère suicidaire du défi lancé au monde adulte pouvant aller jusqu'à la délinquance, soit, au contraire, le deuil de l'enfance poussé jusqu'à la morosité. Il faut bien convenir que ces crises d'adolescence pathologiques ont comme remède essentiel : patience et longueur de temps. Certes, cela nécessite souvent des consultations chez le spécialiste, mais tous ces tourments prennent fin, en général, avec l'adolescence elle-même.

La pathologie à l'adolescence, en revanche, comporte deux grands groupes de troubles : les avatars du processus et les tentatives de rupture du processus. Ils doivent cependant être traités en tenant compte de la dynamique de l'adolescence.

Les *avatars du processus* sont des troubles qu'on rencontre à tout âge mais qui *dépassent* nettement le caractère *normal* de la crise d'adolescence. Il faut être très prudent et ne pas « psychiatriser » ces troubles parce qu'ils montrent presque toujours que *le processus de l'adolescence est en jeu*, processus qui se *résume bien souvent à cet épisode pathologique*. On peut regrouper ces avatars autour des trois pôles que sont l'*angoisse*, le *blocage* (ou *inhibition*), la *dépression*.

À côté de ces avatars, existe une pathologie qui n'est pas propre en soi à l'adolescence, mais qui est très fréquente à cet âge. Elle comprend la *maladie mentale*, la *tentative de suicide*, la *prise de drogues dures* et l'*anorexie mentale*. Si l'on s'interroge sur le lien avec le processus d'adolescence, on ne peut que constater que ces troubles très graves ont pour effet une *rupture temporaire* – quand ils guérissent – du processus. On peut penser qu'ils luttent contre la transformation de l'adolescence ; c'est pourquoi je les appelle « tentatives de rupture ». On constate souvent un trait typique de l'adolescence, à savoir la *guérison* parfois rapide de cet accès qui peut d'ailleurs être la seule expression de la crise d'adolescence. Il faut absolument en tenir compte pour le traitement.

1

Les avatars du processus : angoisses, blocages, dépression

L'adolescence ne surgit pas *ex nihilo*. C'est pourquoi l'adolescence, conçue comme entité psychique, oblige à considérer le destin de l'individu, plutôt qu'à le découper en tranches de vie délimitées.

Cependant, l'adolescence – quand et si elle a lieu, bien sûr – introduit un certain nombre de phénomènes *nouveaux* : le défi à l'avenir et le deuil du passé sont deux mouvements contradictoires qui font normalement « tourner » le processus, on l'a vu, mais parfois celui-ci s'accélère trop et c'est alors l'*angoisse*, angoisse devant l'avenir bien sûr et parce que cet avenir porte un nom (sexualité, autonomie, émancipation, etc.). Si bien que certains adolescents freinent des quatre fers : c'est l'*inhibition* (couramment intitulée *blocage*) sous toutes ses formes. D'autres enfin tombent de (trop) haut, et c'est le gouffre de la *dépression* (qu'on distingue ici de la tentative de suicide).

Mais il ne faudrait pas croire que ces symptômes majeurs ne sont que des exagérations de ce qu'a pu ressentir l'enfant, futur adolescent. Au contraire, c'est l'originalité de l'adolescence que de pouvoir s'accompagner de nouveaux symptômes quand elle est difficile. Ainsi, tel enfant jusque-là bloqué (inhibé, timide, renfermé) va devenir un adolescent contestataire, tel enfant heureux de vivre, un adolescent taciturne et angoissé, etc. Il n'y a aucune règle, et – partant – aucune prévision possible. Il faut redire cependant que l'adolescence n'est pas une maladie ! Au contraire, elle tente d'harmoniser l'ensemble des valeurs, parfois disparates et contradictoires, que l'enfant devenu adolescent doit conserver ou rejeter pour devenir adulte. C'est parfois difficile et douloureux, mais ce n'est pas une maladie. C'est pour cela qu'il faut bien en connaître les avatars pour les soigner avec le maximum d'efficacité (et le minimum de médicaments).

L'angoisse ou les angoisses (et les névroses)

L'angoisse est une vertu philosophique de l'homme qui réfléchit à son existence, et comme telle elle est normale et même souhaitable. Mais elle peut revêtir, surtout à l'adolescence, des formes aiguës et morbides. Comme chacun sait, pour l'apprivoiser, l'adolescent la caricature sous des expressions diverses : « avoir les boules », « flipper », etc. Car en parler et la banaliser peut changer bien des choses. C'est que si l'angoisse est *consciente*, parfois même *visible* (sueur, essoufflement, ton de la voix, tremblement, etc.), elle n'en demeure pas moins un phénomène *mystérieux*.
L'angoisse, en effet, naît comme elle disparaît, comme par enchantement. Et si parfois on peut lui attribuer des causes précises et évidentes (qui diffèrent peu de la peur ou de la frayeur), elle effraie en général d'autant plus le sujet qu'elle survient à l'improviste et sans prévenir. En outre, elle augmente dans certaines circonstances (solitude ou au contraire foule) et s'évanouit avec certaines personnes. Avec d'autres, au contraire, on dirait qu'elle est contagieuse. C'est vrai, par exemple, dans les rapports de couple, mais aussi dans la famille où l'angoisse peut gagner parents et enfants. Le médecin connaît bien ces situations, où sa seule présence suffit à faire disparaître une angoisse familiale.

□ Causes de l'angoisse

La peur a un objet. On a peur de quelque chose. L'angoisse est sans objet conscient. Elle n'a pas de cause concrète, elle est diffuse. Cela n'est pas tout à fait vrai pour certaines angoisses bien précises qu'on appelle les *phobies* (du grec *phobos* : peur). Mais justement, ces *angoisses focalisées* sur un objet ou une situation sont dans un rapport bien particulier avec l'angoisse diffuse. Elles permettent à cette angoisse diffuse, qui est première, de se *focaliser* sur un objet précis (animal, situation, moyen de transport, etc.) et de disparaître en l'évitant. En fait, si l'objet d'angoisse, c'est-à-dire sa *cause*, est le plus souvent inconnu, on ne peut pas dire que cette cause n'existe pas pour autant.

À 14 ans, *Élisabeth* (déjà citée) était tombée amoureuse d'un garçon à qui elle n'a pas osé parler pendant un an. Pendant cette période, et sans en rapporter la cause à cet état amoureux, elle a été très angoissée. Cela s'est manifesté aussi à son insu, puisque, s'étant lancée dans l'apprentissage de la danse, son professeur lui a signalé des contractures tellement intenses qu'il a fallu la suivre en kinésithérapie. De plus, elle avait sans cesse peur que son cœur s'arrête de battre. Elle prendra conscience de cela beaucoup plus tard au cours de sa thérapie.

Il est clair ici que l'état d'angoisse d'Élisabeth et son état amoureux vont de pair. L'objet cause de l'angoisse est inconscient : c'est, peut-on dire, l'*image* que représente ce garçon pour elle, garçon qu'elle tenait (comme c'est très souvent le cas, *cf.* le premier amour p. 122) à *distance* pour se protéger de cette même angoisse. Ce n'est donc pas l'absence (de l'objet – ici, du garçon) qui est angoissante, mais au contraire sa trop grande proximité. L'angoisse a pour but de signaler cette proximité comme dangereuse pour le sujet.

□ Manifestations de l'angoisse

Les manifestations d'angoisse sont très nombreuses, mais on peut les regrouper sous *deux grandes catégories*, l'angoisse *psychique* et l'angoisse *physique*.

1) *L'angoisse psychique*, en fait, s'accompagne pratiquement toujours d'un malaise physique diffus. Elle surgit dans certaines circonstances qui se caractérisent par le fait que les repères du sujet se dérobent brutalement. Les causes sont tellement variées qu'en citer plusieurs ne peut qu'en éliminer d'autres, mais cela va de l'annonce d'une mort... à la découverte d'une trahison. Le sujet éprouve à ce moment-là un sentiment d'*étrangeté* – le monde lui apparaissant soudainement autre –, accompagné d'une curieuse impression d'être dans de la ouate et de « flotter ».

Il faut rapprocher de cette angoisse la sensation d'*énervement* qui est extrêmement fréquente chez l'adolescent. L'adolescent énervé se sent *mal dans sa peau* et, comme le dit bien cette expression, perd un peu de ses limites car ses repères sont ébranlés. C'est probablement ce qui explique le goût immodéré de certains adolescents pour les films dits d'horreur : il s'agit d'une véritable automédication. La peur qu'ils ressentent avec jouissance les vaccine en quelque sorte contre le vide de l'angoisse innommable.

Ce genre d'angoisse peut être parfois la cause d'actes délictueux ou de conduites de dépendance (boulimie, alcoolisme, toxicomanie), qui sont un moyen de soulagement qu'il importe de comprendre.

2) *L'angoisse physique* prend des formes multiples selon les organes qu'elle touche : gorge serrée, battements de cœur, suées, maux de ventre, vertiges.

Ces manifestations, qualifiées parfois de somatisation (du grec *soma* : corps, parce que le psychique se manifeste dans le corps), ne sont pas toujours reconnues comme signes d'angoisse par le sujet.

Catherine vit seule avec sa mère. Elles arrivent toutes les deux chez le psychiatre parce que le médecin n'a trouvé aucune cause aux douleurs abdominales de Catherine. Tout dans l'attitude de Catherine – son ton bougon et excédé avec sa mère, ses plaintes multiples envers les médecins, ses réponses vagues fort différentes de ce qu'on observe chez une « vraie malade » – montre qu'il s'agit d'« autre chose » que d'une *cause organique* (maladie) qu'il faut bien sûr éliminer. Néanmoins, Catherine refuse d'admettre qu'elle a le moindre problème, elle ne veut parler que du scanner qui reste à faire. La mère, angoissée elle aussi, sent bien qu'il y a là une opposition, mais se réfugie comme elle derrière la recherche d'une cause autre que leurs relations. Adressée dans un service hospitalier pour mise en observation, Catherine en part d'elle-même au bout de 48 heures, comme si elle savait malgré tout que ce n'était pas la solution de son problème.

□ Angoisse et névrose

Le comportement de Catherine, en plus de l'angoisse, s'est déjà *organisé* d'une certaine façon que nous appelons névrotique. Les névroses sont ces comportements apparemment incompréhensibles qui visent à protéger le sujet de l'angoisse par des symptômes bizarres : théâtralisation hystérique, maniaquerie et rites obsessionnels, phobies, etc. L'intéressé en a parfaitement conscience et les cache souvent, mais cela n'altère en général pas son contact avec autrui et la réalité.
L'angoisse, parfois « pure » comme dans la névrose d'angoisse, produit toutes sortes de *symptômes*. Ceux-ci vont s'organiser en névrose de différents types qui vont se confirmer au moment de l'adolescence.

Les blocages (ou les inhibitions)

Qu'est-ce qu'un blocage ? C'est une *limitation que l'on s'impose à soi-même sans le vouloir*. C'est pour cela que le blocage est vécu

Censure : en psychologie, refoulement dans l'inconscient des éléments de la vie psychique que la société, les parents (ou leur image) ne tolèrent pas (doctrine de Freud).

douloureusement : si je décide de ne pas faire telle sortie pour travailler par exemple, non seulement je ne me sentirai pas frustré, mais je serai fier de m'être imposé quelque chose que j'estime être de valeur supérieure. Mais si, au lieu de travailler, je « tourne en rond » et n'arrive pas à commencer, je me sentirai à la fois frustré par ma décision qui me prive de la sortie, et par mon échec.

Colette a toujours été écrasée par un frère d'un an plus âgé. Elle est née dans un milieu et une culture qui privilégient l'homme. Colette se sent doublement inférieure, comme la petite sœur venant après un frère adoré, et comme fille. Pourtant Colette va se défendre et briller dans tout ce qui est intellectuel, mais dans un autre domaine que celui de son frère. « Il y a une forme d'intelligence qui lui est réservée, dit-elle. Je me suis limitée moi-même. » Sa supériorité intellectuelle va cependant l'aider à surmonter une grave maladie mentale.

À l'adolescence, en effet, c'est dans le domaine *intellectuel* que le blocage est ressenti le plus mal. Il touche souvent les garçons qui sont parfois écrasés par ce qu'ils pensent qu'on attend d'eux, ou par ce qu'ils veulent se prouver à eux-mêmes. Il y a plusieurs formes de *blocage intellectuel.*
1) *L'impossibilité de travailler intellectuellement.* Elle est relativement fréquente et peut prendre parfois des proportions inquiétantes. Elle est pourtant explicable et donc guérissable. Voici une interprétation de son mécanisme qui pourra peut-être aider les victimes de cette étrange paralysie du cerveau.
Nous n'avons qu'un seul cerveau et pourtant nous lui faisons faire des tâches aussi différentes que penser, faire bouger nos muscles, jouer un air de musique ou aimer. De plus, ces activités se passent parfois simultanément : c'est cela qui explique que je ne puisse pas prendre conscience de toutes ces opérations à la fois. Certaines se passent donc à mon insu et peuvent faire soudain irruption quand je m'y attends le moins. D'autres, au contraire, restent enfouies et pourtant « m'occupent l'esprit » sans que je le *veuille*,

mais surtout sans que je le *sache*. Or, le cerveau, malgré ses possibilités infinies, ne peut *fixer son attention* sur plusieurs choses à la fois. Il faut faire un choix et ce choix ne dépend pas que de ma volonté. C'est pour cela que je ne peux choisir de travailler si j'ai l'esprit ailleurs. Et si je me force, je serai malgré tout « dans la lune », comme on dit, au bout de quelques minutes.

Ce phénomène existe à tout âge, mais il est fréquent à l'adolescence à cause de toutes les tâches que doit faire le cerveau à cette période. La *psychothérapie* montre ici toute son utilité : si je peux parler à quelqu'un de neutre de ce que je ne peux dire à personne d'autre ou que je ne m'avoue pas à moi-même, j'aurai l'*esprit libre* pour faire ce qui me plaît ou ce que j'ai décidé de faire. Pour cela, il faut que j'accepte de reconnaître l'importance du problème sans le minimiser : beaucoup de blocages peuvent être ainsi levés.

2) *Les blocages spécifiques dans une matière scolaire*. Souvent, l'impossibilité de travailler ou de réussir ne touche qu'une matière. Et quelquefois ce blocage ne dure pas et peut même se porter sur un autre domaine. Bien entendu, depuis le début de la scolarité il y a les « matheux » et les « littéraires », on fait même de ces aptitudes une caractéristique héréditaire !

Pourtant ces blocages en physique, en math, en histoire ou en langues qui surviennent à l'adolescence ont souvent un *mécanisme* assez simple quand il s'agit de problèmes *affectifs*.

□ Les mots pour le dire

Il faut prendre ici *affectif* au sens large de « tout ce qui peut provoquer des *émotions* ». Or, les émotions s'attachent à des mots clefs qui les déclenchent. Ces *mots* sont donc – comme on dit – chargés de sens, et d'émotions : ils ne sont pas neutres. Mais les émotions ne sont pas agréables et l'esprit cherche à les fuir. Malheureusement, la pensée intellectuelle utilise souvent les mêmes mots. Du coup, pour éviter les émotions qui s'y rattachent, l'esprit bloque la compréhension de ce mot et *empêche* par là même le travail intellectuel. Ce mécanisme est complètement inconscient. Seul est conscient le blocage qui évite l'émotion (et une émotion bien particulière qui s'appelle l'*angoisse*). C'est pour cela que le blocage (ou inhibition) est difficile à supprimer : l'angoisse est derrière et le patient cherche à l'éviter à tout prix, même au prix de l'échec scolaire.

Benjamin, qu'on a rencontré (p. 23, 66, 70 et 119), est maintenant étudiant en biologie. Bien qu'apparemment timide, il n'hésite pas – on l'a vu avec les filles – à s'exprimer d'une façon parfois naïve qui provoque le rire de ses camarades. Ce jour-là le professeur explique le fonctionnement de la membrane cellulaire. Celle-ci, dit-il, est semi-perméable ; de plus, elle retient le potassium et expulse le sodium de la cellule. Cette expulsion est un phénomène actif qu'on appelle la *pompe à sodium* : toute expulsion d'une unité de sodium entraîne l'entrée d'une unité de potassium. Jusque-là pas de problème, semble-t-il, pour comprendre ce que dit le professeur, mais Benjamin lève la main : il n'a pas compris. Le professeur explique une première fois. Benjamin ne comprend toujours pas et pose une question idiote qui fait rire tout le groupe d'étudiants, ce qui n'arrange pas les choses. Benjamin est *bloqué.* Nous avons mis ensemble quelque temps à comprendre pourquoi. On sait que Benjamin a un problème avec les filles, qu'il est obsédé par l'idée d'une relation sexuelle, que ses parents forment un couple étrange, que ces questions l'angoissent. Or, l'explication du blocage s'est révélée être celle-ci : on pensera peut-être qu'elle est « tirée par les cheveux », mais j'objecterai qu'elle a fait disparaître le blocage et j'ajouterai encore une fois qu'il était inconscient : les échanges de sodium et de potassium entre la cellule et son environnement obéissent en fait à une *action couplée.* Et c'est ce fait qui bloquait la compréhension de Benjamin.

□ Les personnes derrière les mots

Derrière le mot clef, il y a donc des personnes et une relation affective. Ce qui est vrai pour un exemple aussi précis que celui de Benjamin peut l'être aussi pour toute une matière, et cela explique bien des baisses de rendement scolaire insolites : derrière la désignation de cette matière on découvre très souvent la *personne* du professeur, personne qui est parfois l'objet d'un attachement très important.

Bruno est en math sup. Depuis le début de l'année son rendement en *physique* a beaucoup baissé par rapport aux mathématiques alors que jusqu'à présent c'était l'inverse. Le professeur de physique est une femme jeune, dont le *physique* ne laisse pas Bruno indifférent. Cela repéré, Bruno verra ses notes en physique remonter.

De la même façon pour *Élisabeth*, dont les difficultés en math cachaient un problème (bien nommé !) avec son père. Il suffira de mettre ce problème en parallèle avec ces difficultés pour les faire disparaître.

Il serait exagéré de ramener tous les blocages à ce genre d'explication. Beaucoup de rééducateurs (psycho-pédagogues en français ou en math) vous diront qu'ils voudraient dégager leur discipline de ces effets de (trop de) sens. Et il est vrai que les blocages auxquels ils ont affaire existent depuis longtemps et sont malheureusement indépendants d'une signification simple et précise décelable. Mais je parle ici de blocages apparus à l'adolescence et comme tels mobilisables.

La dépression

Qui n'a pas vécu des *moments* de déprime ? L'impression très désagréable de vide intérieur, l'absence d'intérêt pour tout ce qui nous entoure, le sentiment de ne pas valoir grand-chose, cela nous le vivons tous plus ou moins fréquemment. Mais ça ne dure pas. C'est un moment de *déprime*, c'est-à-dire une dépression limitée dans son intensité et dans sa durée. Ces moments sont très fréquents à l'adolescence parce qu'ils forment le fond de la morosité courante à cette période.

Très différente est la véritable dépression. Plus exactement, la dépression est une déprime qui ne guérirait pas. Cela entraîne un comportement spécial et caractéristique. D'abord le déprimé *ne sait pas* en règle générale qu'il l'est ! C'est comme ça : il est triste, abattu mais cela lui paraît normal étant donné ce qu'il (elle) vit. Il (elle) vient d'être abandonné(e) par son ami(e). Et il (elle) ne se rend pas compte qu'il (elle) reste fixé(e) à cette perte *au-delà de la période normale de déprime*. En revanche, le déprimé n'ose plus en parler, justement parce que cela n'a pas suffi à le « guérir ». Alors il a honte et surtout il a peur d'embêter les autres avec son problème. D'autant que le problème en question lui semble un secret à ne pas dire. Cela entraîne un cercle vicieux qui fait que la *dépression* devient une véritable *maladie*, c'est-à-dire qu'elle *échappe à la volonté* du sujet. Cette maladie est maintenant bien connue. Trop, peut-être, puisqu'on *la soigne trop souvent avec des médicaments sans en guérir les causes*. On obtient donc des améliorations artificielles, parfois nécessaires mais jamais suffisantes, même quand le temps passe dessus. Et on continue le cercle vicieux. Alors que si l'on pouvait intervenir psychologiquement avant le déclenchement de la *maladie dépressive*, on l'éviterait.

Parce que tout déprimé est quelqu'un qui a vécu l'échec de la parole, il ne croit plus en celle-ci et s'enfonce dans une logique implacable dont il faut le sortir coûte que coûte. C'est cette logique qui fait qu'il (elle) s'est *enfermé(e)* dans la honte, le sentiment de culpabilité, l'agressivité retournée contre soi-même. Cela donne un tableau bien connu, aux signes déjà évoqués :

1) *Tristesse* et crises de larmes, impression d'être seul, incompris, abandonné ; s'y ajoute un *sentiment subjectif de non-valeur* vis-à-vis de soi et des autres.

2) *Des troubles intellectuels*. On ne peut plus réfléchir, penser, ce qui bien entendu aggrave le sentiment de ne rien valoir.

3) *Des troubles physiques*, et en particulier une grande fatigue qui cautionne le caractère médical de la dépression.
4) *Des troubles du sommeil* qu'il faut toujours soigner avec des médicaments, car ils aggravent la dépression. Ces troubles sont variés : cauchemars et réveils au milieu de la nuit, difficultés d'endormissement bien sûr, mais aussi réveil précoce le matin.
La dépression, je l'ai dit, n'est pas spécifique à l'adolescence, mais elle est plus *fréquente* à cet âge et aussi plus *intense*, comme tout ce qui arrive la première fois. Quelle que soit la fragilité antérieure du déprimé, la dépression est toujours *déclenchée par une cause* que l'intéressé(e) peut avoir oubliée, volontairement ou non. Car, bien sûr, l'être humain cherche à éviter la souffrance. Mais c'est parfois pour en retrouver une plus grande encore. Or, si l'on veut guérir cette dépression, il faut absolument en reconstituer le déroulement depuis l'origine. Il arrive souvent que cette cause apparaisse mince par rapport à ce qu'elle a entraîné : par exemple la déception née d'une passion amoureuse secrète dont le (la) destinataire n'est même pas au courant. Peu importe. Ce qu'il faut, surtout dans ce cas, c'est faire prendre conscience à l'adolescent du caractère *imaginaire* des raisons qu'il (elle) se donne pour justifier sa dépression et l'aider ainsi à retrouver sa dignité perdue. Si, au contraire, par idéologie ou fausse pudeur, on traite d'abord médicalement – comme c'est trop souvent le cas actuellement –, on se fait le complice de la maladie elle-même.

Bernadette est amenée par ses parents pour une dépression rebelle aux traitements médicaux. En fait, Bernadette s'est enfuie plusieurs fois de l'hôpital spécialisé pour enfants et adolescents où on la traitait avec de fortes doses de médicaments. Cela fait plusieurs mois qu'on essaie un traitement après l'autre. On apprend d'abord que les parents sont divorcés, c'est le beau-père qui a accompagné la maman. Ensuite, vue seule, Bernadette prétend qu'elle ne sait pas pourquoi elle fait une dépression, et qu'en tout cas elle ne se rappelle pas les circonstances de sa survenue. Peut-être a-t-elle oublié les premiers entretiens avec les médecins ? Elle assure en tout cas ne leur avoir jamais raconté l'histoire que voici : avant les vacances précédentes, son père lui a acheté un chien. Ce chien, elle en avait très envie et son père a voulu lui faire ce plaisir, car elle a très mal supporté son départ de la maison, départ aggravé par un éloignement professionnel. Or, le week-end avant les vacances, Bernadette a perdu son chien dans la forêt. Il a été impossible de le retrouver malgré les efforts des adultes. Pour compenser cette perte, le beau-père, bien intentionné, lui a acheté un autre chien. Mais ce nouveau chien n'a fait que redoubler la souffrance de la perte du premier. C'est, bien sûr, de ce week-end que datait le début de la dépression de Bernadette. Elle avait sans doute « oublié » cet épisode, car depuis étaient survenues d'autres déconvenues sentimentales ou scolaires. Un travail psychologique n'ayant pas été fait *avant* les traitements, on ne pouvait attendre de ceux-ci une véritable guérison. Au contraire même, dans le cas de Bernadette, le traitement médicamenteux signait le refus de comprendre : d'où la lutte sans fin qui s'était instaurée entre elle et ses médecins.

Les équivalents dépressifs

À côté de la forme typique de dépression que nous venons de décrire, il existe toutes sortes de *troubles qui équivalent à la dépression* : ce sont certaines grandes *fatigues* anormales (pouvant aller jusqu'à l'endormissement dans la journée), certaines *maladies* peu graves en soi mais à répétition, ou simplement l'aggravation de *blocages*, voire des maladies psychiatriques graves qui guérissent si on les soigne comme des dépressions.
Une des formes intéressantes de ces équivalents dépressifs est, à l'adolescence, la fausse délinquance qu'il est capital de distinguer de la vraie. Parmi de nombreux cas, voici celui de Yannick.

Le comportement de *Yannick* a changé depuis deux ans. Une psychologue consultée à ce moment-là a conseillé « plus de liberté ». Depuis, Yannick vole dans les magasins ou dans les voitures dont il ouvre les portes. À l'école il travaille peu et difficilement, répond aux professeurs et il est devenu « la tête de Turc » de ses copains. Bien qu'un peu méfiant au départ, Yannick s'exprime volontiers. C'est comme cela que j'apprends qu'il *s'ennuie* souvent, qu'il « s'embête » pendant les vacances. Il semble souffrir et assure finalement qu'il lui arrive souvent de pleurer quand il est seul et de penser qu'il ne vaut rien. Cependant, il arrive à dormir. En dialoguant avec lui, on s'aperçoit qu'il a été « trahi » par son meilleur ami qui lui a « pris » sa copine. Or, cette copine avait toute sa confiance. Il pouvait tout lui dire. Cette histoire remonte à deux ans...

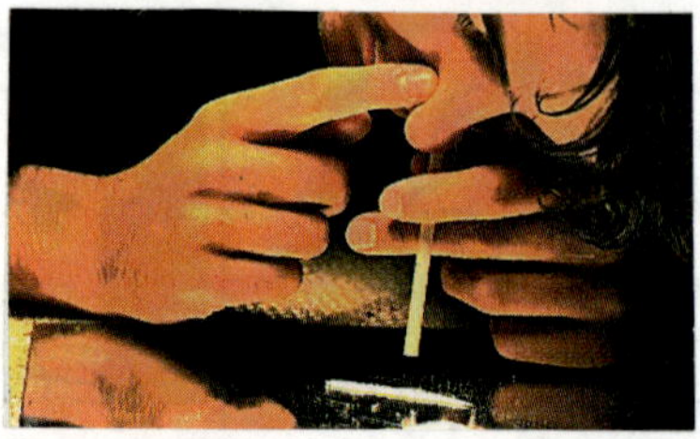

Les tentatives de rupture du processus : drogue, anorexie mentale, maladie mentale, tentative de suicide

Après les avatars du processus ou la pathologie *à* l'adolescence, voici quatre *accidents* de l'adolescence, accidents que tout le monde redoute, mais qu'il faut aborder à la fois avec lucidité et espoir. *Lucidité* car ces accidents révèlent que le dialogue avec l'adolescent a été interrompu – c'est ce que j'appelle l'*échec de la parole* –, et si on ne rétablit pas un dialogue, ils peuvent devenir des catastrophes. *Espoir, cependant, car si ces affections surviennent à l'adolescence, c'est qu'elles sont les témoins malheureux d'un processus qui a lieu, ce qui peut changer le pronostic si le traitement en tient compte.*

Rupture du dialogue. On est frappé, quand on s'interroge sur la survenue de ces accidents, par le contexte dans lequel ils surviennent. Il s'agit rarement, en effet, d'une période de *conflits* avec des parents, comme on pourrait s'y attendre. C'est pour cela qu'ils surprennent les parents qui sont désemparés. Ils établissent une frontière entre un « avant » et un « après » qui délimite deux mondes différents. Ils peuvent même bouleverser l'équilibre familial et, en particulier, le couple parental. Leur survenue est toujours brutale, car même dans l'anorexie mentale dont le début est insidieux, la prise de conscience du fait *morbide* est, en général, soudaine. Il en est de même pour l'éclosion d'une maladie mentale, dont les signes précurseurs sont si difficiles à déceler même pour les spécialistes. Sans parler bien sûr de la découverte d'une prise de drogue dure ou d'une tentative de suicide. Dans tous ces cas les parents sont sincèrement stupéfaits. Pourquoi ? Parce que précisément s'était instauré un *équilibre* que l'accident vient détruire.

Or, chaque fois qu'on parle avec l'adolescent rescapé, on découvre – et les parents avec nous – que cet équilibre reposait en fait sur une absence de dialogue, ou sur un arrêt de celui-ci. À qui la faute ? J'ai envie de répondre à personne et à tout le monde. Il serait trop simple d'accuser les parents : il suffirait de corriger leurs « fautes » pour que tout rentre dans l'ordre, ce qui ne se passe malheureusement pas. Plus simple aussi de tout mettre sur le compte de la biologie et/ou de l'hérédité : cela n'explique pas le pourquoi du déclenchement à l'adolescence. Or, cette absence de dialogue dont souffrait l'adolescent, personne – souvent même pas lui (elle) – ne pensait, j'allais dire ne savait s'en plaindre. Tout se passe alors comme si l'accident survenait pour rétablir cette communication, ce qu'*il a d'ailleurs le plus souvent pour effet*.

Pourquoi à l'adolescence ? Jusque-là l'enfant dépend des parents. Il leur est soumis, même et surtout si cela n'apparaît pas. Il n'a pas conscience d'avoir une existence propre. L'adolescence est cette prise de conscience d'être un individu avec son histoire, un passé dont on hérite, un avenir qui dépend de soi, ce qui met en jeu le désir propre. Cette prise de conscience est progressive, elle se fait grâce à des rencontres, des lectures, des découvertes. La plupart du temps, l'adolescent porté par les *défis* de son âge, les assume et fait les *deuils* de l'enfance. Ici, au contraire, il les refuse et tente d'interrompre le mouvement de la métamorphose qui s'opère malgré lui, en lui. *Souvent ce refus est inconscient*. Et c'est là que réside le secret de certaines guérisons. Car si l'adolescent(e) peut prendre conscience qu'il (elle) refuse le processus de l'adolescence, nous revenons *dans* ce processus. C'est souvent spectaculaire dans la tentative du suicide quand elle a – heureusement – échoué, mais c'est aussi vrai de la maladie mentale. Même dans ce cas, on peut percevoir un *conflit typique de l'adolescence qui n'a pu s'exprimer que par ce drame*. Il est donc capital de ne pas soigner cet accès comme une maladie de l'adulte car on risque d'étouffer la maladie et l'adolescence dans le même temps. Or, malgré la diffusion de cette notion, l'angoisse devant la maladie conduit encore beaucoup de psychiatres à forcer les doses de médicaments. L'espoir, à cet âge, consiste au contraire à considérer ces accès, ou ces crises, comme ce qu'ils sont : des tentatives *contre* l'adolescence, c'est-à-dire des crises à l'envers, si je puis dire, mais des crises quand même qu'il faut accompagner comme les « autres ».

La prise de drogues dures

Je connaissais les parents de *Martin* pour avoir suivi un de leurs fils, enfant. Il s'agit d'un couple remarié, le père de Martin étant parti en province au moment du divorce. Le beau-père est haut fonctionnaire des douanes. C'est lui qui a élevé Martin. Martin va voir de temps en temps son père avec qui il avait jusque-là une bonne relation, mais se plaindra plus tard de ne jamais pouvoir lui parler. De plus, il supporte de moins en moins sa belle-mère qu'il trouve superficielle. Il devient un grand adolescent respirant la santé, passe son bac et entre en faculté. Ses études ne semblent pas le passionner et il devient taciturne et solitaire, sans cependant que cela puisse inquiéter véritablement son entourage. Un jour, poussé par l'angoisse, il va trouver son frère, plus jeune d'un an, et lui avoue s'être piqué à l'héroïne. Celui-ci se confie presque aussitôt à ses parents qui me l'amènent. Martin n'est pas vraiment réticent : il accepte le dialogue et suivra une psychothérapie brève, qu'il interrompra précocement. De celle-ci, la seule chose qui ressorte, c'est, d'une part, la violence des disputes qu'ont les parents, disputes auxquelles les enfants se sont habitués et, d'autre part, la terreur que sa mère ne se sépare de son mari. Martin *ne supporte pas le conflit* : celui-ci l'angoisse au point de lui faire perdre tout repère. La drogue est à la fois un défi, une vengeance contre ses parents et un remède à cette angoisse particulière. D'après les nouvelles que j'ai, cette prise de drogue ne s'est pas répétée, car elle a suffisamment mobilisé la famille. Martin a repris ses études et voit régulièrement le médecin de famille.

Toutes les histoires d'héroïnomanes ne ressemblent pas forcément à celle-là. Souvent le médecin voit ces adolescents une fois qu'ils sont entrés dans le circuit de la toxicomanie, avec tout ce que cela comporte de connivence avec le groupe, sur le plan du langage, de l'habillement, etc. De plus, la rareté de la drogue, actuellement, favorise les actes de délinquance – pour se payer sa dose et le passage à d'autres produits. Enfin, les nouvelles mesures gouvernementales conduisent le jeune chez le juge avant que le psychiatre ne le rencontre. Raison de plus, dirai-je, pour accorder de l'importance à ce cas assez pur. Un exemple voisin est celui d'Alban :

Alban ne parle plus à son père depuis des années.° Chaque fois qu'il y a eu tentative d'échange entre eux, cela s'est terminé par un drame. Le père, pour des raisons personnelles, n'a jamais pu supporter ce fils qui lui a pris sa femme. C'est un grand avocat, un travailleur acharné qui avoue son impuissance au dialogue. La mère d'Alban a tout fait pour compenser cet échec. Sans s'en rendre compte, elle contribue à éloigner encore plus Alban de son père. Elle est avec lui d'une proximité, d'une complicité quasiment conjugale. Elle a obtenu qu'Alban vive dans la même résidence, dans un studio où il fait ce qu'il veut. Elle s'est finalement aperçue qu'Alban se droguait et elle est paniquée. Après quelques entretiens, Alban refuse de venir ; seul son père puis sa mère acceptent de se remettre en cause.

° " Une prévention instinctive qui le murait dans une sorte de silence ... " Roger Martin du Gard.

□ Signification de la prise de drogue

La drogue procure une jouissance immédiate, dénuée de conflits, monnayable comme une marchandise, attirante comme la mort. La jouissance qu'elle procure est *supérieure à la jouissance sexuelle* : celle-ci, à moins d'être consommée précisément *comme* une drogue, est forcément liée indissolublement à la personne qui la procure.

Comme telle, elle est forcément conflictuelle, puisqu'elle s'accompagne d'angoisse, de jalousie, de dépression, etc.

C'est l'échec d'une relation affective, comme l'échec du dialogue, qui conduit à la solitude du futur drogué. On m'objectera qu'il y a des drogués amoureux ! Eh bien, justement, s'il y a prise de drogue à deux, je prétends que c'est pour éviter le risque de perte (d'amour, de la personne aimée) inhérent à toute relation forte en privilégiant la communion avec le produit.

S'ajoute à l'échec de la relation affective, comme chez tout amoureux éconduit, une dépression aiguë qui donne envie de mourir. Mais, à la différence du suicide, où la mort peut faire office de coupure avec le monde, le drogué préfère l'immortalité toute-puissante. Les drogués craignent la mort, c'est ce qu'a montré l'épidémie du sida : depuis la vente libre de seringues, les cas de contamination par le virus ont fortement diminué chez eux.

□ Prévention et traitement

En lisant ces exemples, la prévention apparaît bien difficile sur un plan épidémiologique.° Pourtant la précocité de la découverte, la remise en question de toute la famille, la qualité de la prise en charge enfin peuvent faire basculer ce drame en crise d'adolescence grave mais dépassable. La drogue détruit cet équilibre silencieux de la famille. Souvent, il faudra remuer les vieux contentieux, dénicher les non-dits familiaux. C'est le prix à payer pour

° Épidémiologie : étude des rapports existant entre les maladies et divers facteurs (mode de vie, milieu ambiant ou social, particularités individuelles) susceptibles d'exercer une influence sur leur fréquence, leur distribution, leur évolution.

la guérison. Mais le drogué, lui, ne se sent pas malade. Et pour cause ! Il se soignait tout seul en défiant la famille et la médecine. Lui retirer unilatéralement la drogue, si je puis dire, sans compensation, est même déconseillé par certains spécialistes. Cependant, il ne faut pas sous-estimer le besoin d'autorité, celui d'une loi extérieure qui impose ce que le patient n'a pas la *volonté* de s'imposer à lui-même, et il faut savoir faire agir cette autorité (au besoin judiciaire) à bon escient.

□ Drogues dures, drogues douces

Définir une drogue est chose difficile. Le médicament, par exemple, *peut en être une*, s'il est pris *sans prescription*, au-delà des doses autorisées, à des fins non thérapeutiques. Cette dernière condition est difficile à déterminer quand on sait la fréquence de l'angoisse comme incitation à la prise de toxiques – et l'on pense bien sûr aussi à l'alcoolisation des jeunes.

Non seulement il existe des *degrés* entre les différentes substances, mais il existe aussi des *différences qualitatives* : fumer un joint, prendre une dose de LSD, croquer une amphétamine sont des expériences dissemblables, liées au milieu social, aux aléas des rencontres. Faire une expérience ponctuelle et prendre de la drogue régulièrement diffèrent considérablement. Enfin, le mode d'administration est lui aussi profondément déterminant, à tel point qu'il peut faire office de frontière entre deux catégories de drogues. Certes, de la même façon que pour l'alcoolique, « n'est pas drogué qui veut ». Mais si le futur drogué passe des drogues douces aux drogues dures, celui qui n'en a pas le profil en reste aux premières. Comment faire, pour les parents, la différence, tout le problème est là, car si dramatiser exagérément la prise de haschisch peut donner l'impression à l'adolescent qu'on ne s'intéresse pas à sa personne mais seulement à sa santé, voire au qu'en-dira-t-on, pratiquer la politique de l'autruche ne vaut guère mieux et il ne faut pas oublier que certains jeunes intoxiqués chroniques au haschisch sont parfois déstructurés et décrochent de la réalité, sans parler des accidents aigus (confusion, délire hallucinatoire) plus fréquents qu'on ne le croit.

L'anorexie mentale (perte d'appétit)

L'anorexie mentale est une affection typique de l'adolescence. Si je l'aborde ici, c'est qu'elle peut être grave, parfois même conduire à la mort, et qu'elle lutte elle aussi contre le processus de l'adolescence. De quoi s'agit-il ?

Une jeune fille le plus souvent, au décours de la puberté, décide de faire un régime, soit parce qu'elle a des accès de fringale et a peur de grossir, soit qu'elle ait peur de devenir grosse comme sa mère. Elle applique ce régime avec tellement de ferveur que non seulement elle maigrit, mais qu'elle a beaucoup moins faim : comme le dit l'adage populaire, « L'estomac rétrécit. » Dès lors, elle ne *contrôle plus* les choses. Manger devient une corvée, qu'elle entoure de toutes sortes de rites bizarres comme fragmenter la nourriture, ne manger que des pommes, etc.

Parallèlement, elle se « défonce » littéralement (car ne *rien* manger ressemble curieusement à avaler une drogue), soit dans une activité physique, soit dans le travail scolaire où elle peut exceller.

Isabelle a 19 ans, entre une sœur d'un an plus âgée et un frère d'un an plus jeune, desquels elle se sent très différente. Son père fait un métier manuel, sa mère est directrice de CES. Les parents ne s'entendent guère et Isabelle a choisi le camp de son père. Elle ne veut pas ressembler à sa mère. Elle a arrêté de manger après une déception amoureuse pendant les vacances. Depuis, elle n'a plus ses règles et comme elle n'a guère de poitrine, elle se vit comme une « gamine ». La mère a dû se faire hospitaliser et pendant ce temps-là, Isabelle l'a remplacée dans toutes les tâches ménagères. Quand sa mère est revenue, Isabelle n'a pas accepté qu'elle fasse la cuisine, si bien que c'est elle qui nourrit toute la famille, alors qu'elle ne mange pas. D'ailleurs, elle veut faire une école hôtelière.

Ce cas est assez typique : le décalage social entre les parents, un complexe d'Œdipe° évident, une hyperactivité sont monnaie courante. Pour mieux comprendre les enjeux de l'anorexie dans la famille, nous en dégagerons quatre aspects.

□ La « grève de la faim »

Par l'absence d'appétit, l'anorexique « mobilise » toute la famille qui reste suspendue à ses lèvres ! Quel étonnement et quelle revanche pour l'adolescent(e) jusque-là coincé(e) dans le conflit (parfois totalement latent) avec les parents que de découvrir l'immense pouvoir qu'il (elle) a sur eux ! Bien sûr, cela n'est pas complètement conscient... quoique d'anciens anorexiques puissent témoigner de leur impression de supériorité sur le couple parental pendant leur maladie. On peut donc presque parler du chantage qu'ils exercent pour obtenir satisfaction. Comme pour les grévistes de la faim, par l'angoisse qu'ils suscitent, une épreuve de force se joue entre parents et adolescent, épreuve où le médecin a souvent le rôle du médiateur. Il doit parfois expliquer à l'adolescent(e) « qu'il faut savoir terminer une grève ».

□ La toute-puissance

Se passer de nourriture est le summum que peut atteindre l'adolescent(e). L'abstinence sexuelle, en effet, n'a pas de caractère spectaculaire. Ici l'adolescent(e) lance un défi qui – dans son esprit – le (la) place au-dessus du genre humain, au-dessus de cette contingence vulgaire qui consiste à avoir besoin de manger. On comprend aisément que ce refus en cache un autre, qu'il exalte par contrecoup. C'est le refus de la sexualité.

° Complexe d'Œdipe : "attachement érotique de l'enfant au parent du sexe opposé" Lagache.

□ Le refus de la sexualité

Il est constant lui aussi. C'est le refus du corps sexué d'abord, refus de son image acquise à la puberté. Refus de l'*idée* de commerce sexuel ensuite. La sous-alimentation entraînant secondairement l'arrêt des règles, ce refus se trouve concrétisé dans le corps lui-même.

□ Le spectre de la mort

L'angoisse suscitée chez l'entourage tient bien sûr au risque de mort. Ce risque est réel, nombre d'anorexiques meurent encore parce que le traitement est commencé trop tard. Mais qu'en est-il pour l'intéressée ? Souvent elle n'a pas conscience du caractère véritablement suicidaire de sa conduite : l'hyperactivité intellectuelle ou sportive, même si celle-ci lui cause des accès de fatigue importants, lui prouve qu'elle est en forme. On pourrait parler ici de « suicide inconscient », s'il ne s'agissait en fait d'un sentiment d'immortalité et de toute-puissance de qui peut vivre seulement d'air et d'eau !

□ Cause et traitement

L'origine de l'affection, d'ordre strictement psychologique, est maintenant bien établie. Pourtant il n'y a pas longtemps encore, on se refusait à imaginer qu'il n'y avait pas une cause physique, ce qui expliquait que c'étaient les spécialistes des glandes (endocrinologues) qui s'emparaient de ces cas. Toutefois, les intrications psychologiques et physiques étant possibles, il faut toujours associer un médecin au traitement. Ajoutons qu'il y a des anorexies dues à des maladies physiques qu'il faut éliminer avant de parler d'anorexie mentale, mais leur survenue et le contexte sont bien différents. Tout cela explique que cette maladie n'ait été découverte qu'au XIXe siècle. De la même façon, les parents mettent beaucoup de temps à se rendre compte de la gravité de la situation. Il faut dire que certaines anorexiques se cachent pour vomir et que les parents font comme s'ils ne s'apercevaient de rien en espérant toujours que cela va aller mieux.

Le traitement est variable selon le stade. À partir d'un certain degré d'amaigrissement, en effet, il faut hospitaliser l'anorexique pour une renutrition par sonde et parer au risque de mort. Cette renutrition peut aussi dans certains cas se faire dans l'isolement plus ou moins complet. En tout cas, tout cela doit avoir lieu en milieu psychiatrique car les médecins supportent assez mal l'idée d'utiliser leurs lits pour ce qu'ils pensent être de « faux » malades. C'est que la réalité de la maladie psychique a encore du mal à être admise, et cela même dans des services dits ouverts.

De toute façon, ce traitement médical n'est qu'un palliatif, le véritable traitement – la psychothérapie – pouvant d'ailleurs, s'il est fait assez tôt, éviter l'hospitalisation.

Lise est née 15 mois après son frère. Elle n'a eu aucun problème de développement, ni de maladie, sauf des fractures car elle est très sportive. Quand je la vois à 15 ans 1/2, elle a perdu 10 kilos en six mois, se plaint de constipation et n'a plus ses règles. Elle admet avoir des problèmes, mais *ne sait pas trop lesquels*, tout en reconnaissant qu'il doit y avoir un problème « inconscient » dans le fait de « ne pas manger ». Elle veut faire de la recherche scientifique dans la police ! Elle n'est guère bavarde, mais le fait que les parents aient consulté la détendra rapidement. Les parents m'apprennent qu'il y a eu un suicide dans la famille ; d'ailleurs un autre aura lieu pendant la psychothérapie. Très vite, son poids se stabilise, mais elle n'arrive pas à parler, sans que l'on puisse cependant parler d'un refus net. Aussi je continue à voir ses parents à qui elle dit : « Maintenant c'est vous qui allez vous faire soigner ! » Elle mange de nouveau et retourne à l'école. Elle parle de plus en plus avec sa mère avec laquelle elle fait une sorte de psychothérapie. C'est donc par l'intermédiaire de la maman que se déroule le traitement. Celle-ci me raconte que tout a commencé il y a deux ans, quand ils l'avaient laissée seule avec son frère.

« À propos, ajoute-t-elle, on l'a élevée comme lui, sans faire de différence. » Il y a deux ans, elle a eu des spasmes digestifs, a commencé à grossir puis à suivre un régime. Un des grands-pères se suicide au retour des vacances, son épouse avait eu elle-même des périodes d'anorexie. Puis Lise se met à adresser des reproches à sa mère : elle ne la trouve pas assez indépendante de son mari, trop soumise. Elle refuse les vêtements féminins. Elle semble satisfaite que sa mère vienne me voir et, après une petite rechute à laquelle elle réagit d'elle-même, guérira sans que je l'aie beaucoup vue.

La psychothérapie doit être souple et tenir compte de l'entourage, car l'anorexie, elle aussi, est un *échec de la parole*. Cette parole doit donc être rétablie *avant* la psychothérapie avec les principaux protagonistes que sont les parents, sans cela la psychothérapie apparaît aux principaux intéressés comme du bavardage. Dans le cas de Lise, ce rétablissement aura suffi à la guérison.

La maladie mentale

Tous les spécialistes le disent : l'adolescence est une période tristement privilégiée pour l'éclosion d'une maladie mentale durable (en particulier la schizophrénie). Mais aussi pour l'irruption d'une forme relativement brève et curable d'un délire aigu (la bouffée délirante). Or, les accès sont tellement semblables que seule l'évolution permet de trancher. Tout le problème est là : dans un cas, c'est l'entrée dans la folie, dans l'autre, une forme de délire qui peut guérir si complètement qu'on doute rétrospectivement du diagnostic de psychose.

À la différence de la *névrose*, la *psychose* comporte une perte des rapports normaux avec la réalité. Elle s'accompagne souvent d'une perte du sentiment d'être soi-même (dépersonnalisation) et de *délires*, c'est-à-dire de l'émission d'idées fausses à thèmes variés, mystiques, sexuels, politiques, en contradiction plus ou moins flagrante avec la réalité. Ces thèmes délirants sont soit très « construits », presque plausibles pour le novice, soit, au contraire, variables, divers, multiples, cas dans lesquels s'ajoute souvent une certaine confusion (portant sur les lieux, les dates, les événements). L'incertitude sur l'évolution future de cet accès aigu, et sur son diagnostic, pèse considérablement sur l'entourage immédiat, mais plus encore peut-être chez les soignants. Voici l'histoire de deux cas de ce genre dont l'évolution, parsemée de rechutes, s'avère pourtant très différente.

Armelle est la seule fille d'une fratrie de garçons tous brillants, d'un milieu intellectuel très religieux. Elle est en école privée, travaille bien, mais est très réservée et très timide. Au milieu de la quatrième, elle manque la classe trois jours de suite. Sa mère s'inquiète parce qu'elle se regarde souvent dans la glace et a des accès de fous rires. Elle l'emmène consulter un ami de la famille, médecin réputé, qui ne trouve rien d'anormal aux tests psychologiques. Tout semble rentrer dans l'ordre, quand l'année suivante son travail scolaire faiblit considérablement. Elle devient taciturne, refuse de partir en voyage avec sa classe, devient insomniaque. Elle agresse sa mère, avec des mots qu'on n'aurait jamais pensé être de son vocabulaire, ne veut plus sortir, car elle voit des problèmes partout, prétend avoir subi des sévices sexuels lors d'une soirée organisée par ses frères. Bref, il faut l'hospitaliser une première fois et les choses s'améliorent provisoirement. On décide alors de la rescolariser en milieu spécialisé et de commencer une psychothérapie. Armelle supporte mal un milieu si différent du sien mais commence sa psychothérapie. Aux premières vacances, et sans prévenir le psychothérapeute, son père la fait de nouveau hospitaliser. Le séjour sera émaillé de rechutes et de nouvelles hospitalisations. L'idéal aurait été bien sûr de trouver une famille d'accueil, mais c'est impossible. Finalement, Armelle se retrouve en hôpital psychiatrique.

Martine est la seconde d'une fratrie de quatre dont elle est l'aînée des filles. Enfant modèle d'un milieu lui aussi très religieux, ses parents se reposent souvent sur elle pour s'occuper des petits. Ils sont attentifs car l'aîné a eu à six mois un grave problème d'épilepsie qui a retenti sur son comportement pour lequel il a été suivi par une psychologue. À 16 ans, alors qu'elle se trouve en vacances, elle a un premier rapport sexuel avec un garçon de rencontre. Dès lors son comportement change du tout au tout, elle fait le mur toutes les nuits, devient ordurière avec ses parents à qui elle raconte tout et qui sont pris entre la sévérité et le désir de comprendre. Mais très vite, Martine devient insomniaque, tient des propos incohérents, si bien qu'on l'hospitalise dans un service psychiatrique où on lui donne des doses considérables de médicaments. Elle en sort pour faire une postcure dans un milieu scolarisé. Elle aussi entreprend une psychothérapie, tandis que sa mère commence assez rapidement une psychanalyse qui lui révèle des problèmes très importants chez ses propres parents. L'évolution de Martine est émaillée elle aussi de nombreuses rechutes où tous les diagnostics pratiquement sont portés. Finalement, elle se stabilise, suit un traitement médicamenteux minime, recommence une psychothérapie d'elle-même, apprend un métier, travaille et vit en couple quelque temps avec un garçon.

□ Comme une terreur nocturne

Dans ces deux cas la survenue de l'accès aigu *surprend* les parents. Certes, il y avait un équilibre autour de problèmes relativement courants et soudain le délire éclate. On ne peut, là encore, s'empêcher de penser que le processus de l'adolescence y est pour quelque chose. Comment ? Ce que révèlent certains de ces délires est parfois significatif. Qu'est-ce que le *délire aigu*, en effet, si ce n'est un *cauchemar*, et un cauchemar dont on n'arrive pas à se réveiller ? Ou plutôt une de ces terreurs nocturnes qui impressionnent si vivement les jeunes parents : l'enfant semble ne pas les reconnaître, s'effraie comme s'ils étaient des personnages de sa nuit et il faut beaucoup de temps pour qu'il se rendorme. Or, l'analogie ne s'arrête pas là : il y a dans ces délires un symbolisme qui ressemble beaucoup à celui des rêves.

> *Armelle*, par exemple, croit voir sortir de la chambre de son frère des jeunes gens tout en vert, en uniforme – elle avait pensé auparavant que ses frères avaient des copains « fascistes ». *André* a soudain peur du feu qui l'obsède et ne se calme que lorsqu'on lui rappelle qu'on a parlé de le mettre en foyer, etc.

Cela n'empêche pas qu'on puisse également faire des recherches et des découvertes dans le domaine biologique. Un grand espoir est né récemment avec la découverte d'un médicament nouveau qui « n'endormait pas » mais agissait au niveau de la cellule : les sels de lithium sont actifs dans certaines dépressions graves de forme cyclique et beaucoup d'adolescents en ont reçu quand on pensait que leur délire pouvait être une forme de dépression. Malheureusement, cet espoir ne s'est pas concrétisé et, de toute façon, il ne dispensait pas de la psychothérapie.

Le traitement doit tenir compte de toutes les données, mais il sera forcément influencé par l'expérience, la formation et l'idéologie du médecin. Aussi je pense que le public devrait être considérablement plus informé qu'il ne l'est des différentes méthodes. L'hospitalisation est *presque* toujours nécessaire, les rechutes sont fréquentes, les médicaments souvent indispensables.

□ Un traitement qui tienne compte de l'adolescence

L'adolescent arrive ainsi parfois à dire dans son délire ce qu'il avait tu jusque-là. Il s'agit donc de le soigner sans le faire taire. Ce qui, encore une fois, n'est pas évident. L'adolescent peut ainsi remettre en cause non seulement son éducation, mais aussi – quand il le peut – certains aspects non dits de l'histoire familiale. Or, depuis une trentaine d'années, la recherche psychanalytique a montré l'importance d'un secret caché à la génération des grands-parents, et parfois à l'insu des parents, dans la compréhension des troubles de l'adolescent psychotique. Car, l'adolescent, précisément, reprend à son compte son hérédité pour se fabriquer sa personnalité. Cela explique que dans certains cas, son *identité* se trouve remise en question, en particulier lors de la rencontre d'un partenaire. Tout doit être fait par les soignants pour laisser s'exprimer le génie propre à chaque personne. Quelquefois, c'est contre l'avis du médecin ou après l'arrêt d'une thérapie que tel adolescent prend son destin en main, se met à travailler ou à vivre en couple, alors qu'on s'attendait au pire.

La tentative de suicide

□ Un scandale

La tentative de suicide chez l'adolescent continue de constituer un double *scandale*. D'abord parce qu'elle reste fréquente et réussit à tuer des jeunes gens au seuil de la vie, mais aussi par ce qu'elle suppose de solitude chez ces jeunes et d'incompréhension ou de désinformation de la part de la société. En effet, une société incapable par sa législation d'interdire un livre qui *pousse* au suicide est légitimement suspecte.

Or, que fait ce livre que je ne citerai pas ? Il déclare qu'on peut avoir le droit de se supprimer, que ce droit fait partie de la liberté. Mais comme certaines méthodes sont trop violentes, il donne les ordonnances nécessaires à la réussite de l'entreprise. Je n'aimerais pas être à la place des auteurs, car ils sont certainement obligés de s'enferrer dans leurs raisonnements pour éviter de ressentir une culpabilité qui s'alourdit.

En effet, si leur raisonnement paraît logique en ce qui concerne certains adultes, il est totalement faux pour les adolescents qui, une fois de plus, démontrent à tous les pourfendeurs de la psychanalyse que l'inconscient existe.

1) Parmi toutes les tentatives de suicide chez l'adolescent, je n'en ai pas rencontré une seule dont la *signification* soit de mettre un terme à la vie.

2) Le geste suicidaire peut être raté : il prouve alors que l'inconscient n'est pas d'accord.
3) La tentative de suicide témoigne aussi d'un certain orgueil qui défie le monde. Mettre, comme le fait ce livre, l'adolescent (ou l'adulte) au pied du mur en lui disant « si tu veux vraiment te suicider, prends cette dose » est de ce fait *criminel*.

□ Le vécu du suicide chez le jeune

Le suicide résulte lui aussi d'un *échec de la parole* : il n'y a plus sur terre *un seul interlocuteur valable*. Voilà pourquoi quitter la terre semble la seule issue possible. Certes, le déprimé aussi se retrouve seul au monde. Mais le déprimé, lui, s'avoue vaincu et se laisse aller (à juste titre) à sa défaite. Le suicidaire, lui, ne veut pas s'avouer vaincu et il lutte tellement que sa dépression peut passer complètement inaperçue. Parfois, cela se limite même à quelques remarques désabusées sur l'absence de sens de l'existence, remarques que l'on se rappelle, après... Mais, de fait, lutter contre qui ? Ce serait trop simple, même si c'est vrai, de dire « contre soi-même », parce que justement le suicidaire se retrouve seul avec lui-même. Et cette solitude est mortelle. Or, pour exister, nous avons besoin de croire en l'autre, n'y en aurait-il qu'un, *par* qui et *pour* qui nous existons. Pour le suicidaire, cela paraît dérisoire et illusoire parce que l'autre, le dernier en qui il avait confiance, l'a trahi.
Du coup le monde lui apparaît comme la planète que le soleil a désertée après une explosion atomique. Les rescapés qu'il peut apercevoir sont, comme lui, des reflets d'êtres humains. Aucun ne mérite qu'on s'arrête pour discuter. Et parler de quoi ? La parole n'est-elle pas pure parodie dans ces circonstances ?
Alors, tout vaut mieux que ce monde où il n'y a plus personne. Or, la mort est *le seul moyen* de quitter ce monde. C'est la porte ouverte sur l'*éternité* – pourquoi pas – sur l'*enfer* – ça vaut encore mieux –, ou même sur le *rien*, c'est-à-dire la paix et le repos. Car

sur cette planète atomisée, nul ne peut trouver le sommeil et si cela arrive, le réveil est encore pire que la fatigue qui vous exténue.

□ Vers une compréhension

Il faut connaître ce vécu pour rencontrer le suicidaire et avoir un authentique dialogue avec lui. Malheureusement, ce dialogue survient la plupart du temps *après* la tentative de suicide et quand celle-ci a échoué. Il est rare qu'il survienne *avant*, parce que là aussi personne ne se rend compte de la gravité de la situation ; certes, un regard extérieur le pourrait, mais au sein de la famille, l'équilibre est tel que personne ne pense à cette éventualité.

C'est donc le plus souvent après une tentative que l'on peut (enfin) parler avec l'adolescent suicidaire. Parler en profondeur au-delà des apparences et en prenant cette tentative au sérieux ! Dire qu'il s'agit de chantage est faux, car un chantage dans lequel on joue sa vie mérite un autre nom. Or, le rescapé se présente comme celui qui a tenté d'échapper à la planète dont j'ai parlé. Quelquefois sa tentative a suffi à lui montrer les choses sous un jour différent : elle lui a permis, d'une certaine façon, parce qu'elle a échoué, de « s'en sortir ». Cet aspect positif ne paraîtra scandaleux qu'à ceux qui n'ont pas essayé de comprendre cette dépression aiguë qu'est la tentative de suicide. Le plus souvent, ce rescapé ne cherche en fait qu'à recommencer, parce que rien n'a changé et qu'il ne rencontre en face de lui qu'un zombie de plus. On peut discuter avec lui pour lui montrer que son geste signifiait peut-être autre chose que l'envie de mourir, et qu'il a sans doute l'aspect positif que lui dénie tout le monde.

Et pourquoi *se* tuer, si ce n'est parce qu'une partie de soi veut supprimer l'autre. Jamais, en effet, ailleurs que dans la tentative de suicide, la *division de la personne* n'a paru aussi vraie. C'est bien pourquoi le suicidaire n'est pas seul mais deux. Dès lors, s'il ne croit plus – avec raison – en l'autre, il est bien trop crédule avec ce lui-même qui le juge et le condamne à mort. Quels sont ses crimes ? Je veux dire les crimes de l'autre lui-même ? On retombe là dans ce qu'il y a d'intolérable à l'adolescence – cette force sexuelle qui a pris possession de votre corps sans que votre volonté y consente.

V

LES RÉACTIONS DES PARENTS

" Une attitude critique n'est que la projection
d'un tempérament sur le monde des idées."

Jean-Richard BLOCH.
1884 - 1947.

L'adolescence face à

une société hypocrite où règne « la complicité du voyeurisme et de la censure morale, la folie de la frénésie puritaine ».

L'adolescence n'est pas difficile que pour les adolescents. L'adolescent ne se contente pas de remettre en cause le passé ou de s'aventurer dans des expériences nouvelles. Ou plutôt, pour le faire, il tyrannise ses parents ou tente de secouer l'ordre social établi. La famille, comme la société, supporte somme toute assez bien cette remise en cause qui peut cependant dépasser toute mesure. Le discours des étudiants en 1968 permet de comprendre quelque peu en quoi consiste cette remise en cause. En 68, en effet, les professeurs étaient sommés, devant des assemblées houleuses d'étudiants dans lesquelles se trouvaient parfois leurs propres enfants, de *s'expliquer* non seulement sur le contenu de l'enseignement, mais surtout sur la *forme* qu'il prenait. Si le contenu était en général accepté, la forme, c'est-à-dire les rapports maître-élève, était d'autant plus contestée que c'était souvent la première fois qu'on pouvait en discuter. C'est ainsi que l'association *Savoir-Pouvoir* faisait soudainement scandale. Certains professeurs, affolés, essayaient de réagir par la violence, d'autres, non moins inquiets mais plus politiques, tentaient la démagogie. Tandis que les premiers étaient hués mais paradoxalement respectés, les seconds étaient franchement méprisés. « Ils baissent leur culotte », disaient les étudiants en ricanant. Certains professeurs, au contraire, acceptaient cette remise en cause d'un ordre dont certains souffraient dans leurs rapports hiérarchiques, sans céder sur les exigences de leur mission. Ils respectaient, derrière des apparences outrancières, des revendications qui – comme toute revendication – présentaient de façon souvent puérile des questions légitimes. On pouvait ensuite discuter sur le fond, ce qui a entraîné des réformes indispensables.

Toutes proportions gardées, l'adolescence pose des problèmes analogues aux parents. Qu'il s'agisse de la crise, de ses avatars ou des cas pathologiques, les parents sont *surpris, angoissés* et réagissent fréquemment de façon inadaptée. L'adolescence de leur enfant les *déstabilise*, comme on dit de nos jours, parce qu'elle les oblige à se poser des questions qu'ils n'ont pas toujours résolues pour eux-mêmes. C'est pourquoi il leur faut à la fois *tenir bon* et quelquefois *demander conseil*. Mais surtout respecter leur interlocuteur en y mettant des formes, puisque ce sont celles-là que l'adolescent conteste le plus vivement.

Francis a 16 ans. Depuis sa naissance il fait la fierté de son père. Même sa mère, qui a divorcé il y a longtemps, assure qu'elle s'est toujours sentie exclue de leur relation. Les autres enfants ont, semble-t-il, moins d'importance que Francis aux yeux de son père. D'ailleurs, le juge ayant confié Francis à sa mère, il s'est « battu » de toutes les façons possibles pour le reprendre et y est parvenu avec l'assentiment de sa nouvelle épouse. Cela explique sans doute le choc qu'il éprouve le jour où, contestant un ordre, Francis l'insulte puis, ayant reçu une gifle, le frappe en retour. Père et fils se jettent alors dans un corps à corps épuisant, et se séparent ensuite sans mot dire. Dans la mêlée, des mots définitifs sont lancés : « je te déteste », « tu n'es plus mon fils », etc.

Version du père : au moment du repas il y avait un match à la télé qui est dans le salon. J'ai dit à Francis : « Si tu veux regarder le match, fais comme moi, tu viens dans le salon et tu manges après. » Francis n'écoute pas, il amène son assiette au salon. Fureur du père : c'est l'un ou l'autre.

Version de Francis : mon père veut qu'on lui obéisse au doigt et à l'œil, il tyrannise toute la famille, personne n'ose rien dire. Je supporte cela depuis que je suis enfant, maintenant j'en ai marre.

Conclusion : le père prend conscience, en racontant l'incident, que Francis atteint l'adolescence. Son fils chéri devient un *autre*. Il le voit avec de nouveaux yeux. Désormais il ne pourra plus lui parler de la même façon, il faudra y *mettre les formes*. Francis, de son côté, est bouleversé, d'ailleurs, après, il deviendra presque docile. Tous deux ont le sentiment d'avoir vécu quelque chose d'irréversible. Rien ne sera tout à fait « comme avant ».

Quelle que soit l'allure que prend la crise d'adolescence, elle fait réagir les parents. Ces réactions sont dues, avant tout, à la *culpabilité* inhérente à toute relation affective que nous nous efforcerons d'analyser. Elles peuvent prendre la forme de l'intrusion ou de la répression, tentations dangereuses qu'il est souhaitable d'éviter. Dans la plupart des cas elles entraînent ce que j'appelle l'« appel au tiers », cette demande d'aide, fréquente, qui est souvent brève et efficace.

Le sentiment de culpabilité

Il est *manifeste* quand l'adolescent a des problèmes graves (avatars de la crise, tentative de rupture du processus) ; il paraît d'ailleurs tellement évident aux parents qu'ils n'en parlent généralement pas quand ils voient un médecin. Ce dernier devrait y penser systématiquement, car la non-prise en compte de ce sentiment entraîne parfois de la part des parents des ruptures de traitement qui vont à l'encontre de l'intérêt des adolescents. Pourtant, ces parents en refusant d'accepter ou de poursuivre une prise en charge, ne font rien d'autre qu'interpeller un spécialiste qui leur paraît sous-estimer la gravité du problème en cause. Ce genre de méprise est fréquent.

Paradoxalement, certains parents feront davantage confiance au médecin qui dramatisera le cas, souvent au médecin hospitalier qui mettra en avant un phénomène biologique et des réponses médicamenteuses disproportionnées. Comment ne pas comprendre que ce médecin rassure les parents – l'adolescent sera en sécurité à l'hôpital –, et les déculpabilise en expliquant la crise par un fait biologique ?

Pourtant, la grande majorité, pour ne pas dire la quasi-totalité de ces parents, se sent responsable de l'état de leur adolescent. Et ils n'ont pas tout à fait tort quand ils supposent que les psychologues font le même raisonnement qu'eux, puisqu'ils s'appuient souvent sur les écrits de ces mêmes psychologues pour « prouver » leur responsabilité. Il faut donc trouver une cause.

Or, même et surtout lorsque cette cause est rapportée à un élément extérieur, le *sentiment de culpabilité inconscient* cherche à s'en emparer, car rien n'est pire qu'une angoisse qui ne trouve pas son objet.

Cela mérite explication.

Le sentiment de culpabilité est lié à l'amour. Voilà une donnée d'observation. Avez-vous remarqué à quel point l'amoureux(se) s'inquiète du moindre retard de l'objet aimé ? Et s'il arrive quoi que ce soit à celui-ci, à quel point la première explication est souvent cherchée en soi-même ? Ce n'est pas toujours le cas bien entendu, sauf quand la passion est grande. Et ne dit-on pas, précisément, d'une grande passion qu'elle est « dévorante » ? Or, cette dévoration entraîne la disparition de l'objet, d'où ce fameux sentiment de culpabilité.

Toutes proportions gardées, les mères qui aiment leurs enfants le plus normalement possible – faut-il rappeler que c'est indispensable ! – vivent leur relation à l'enfant, puis à l'adolescent comme une *dyade* analogue à celle de la relation amoureuse : dès qu'il arrive quelque chose à l'enfant, ces mères cherchent la cause en elles-mêmes. À tel point qu'elles parlent spontanément au médecin de *culpabilité*, comme si celle-ci était réelle, et non pas de *sentiment* de culpabilité. On ira parfois – le cas est extrême mais il existe – jusqu'à se rendre *coupable* pour éviter ce *sentiment*.

Monique est une jeune mère. Issue elle-même d'une famille nombreuse qui l'a fait se sentir abandonnée dans son enfance parce qu'il y avait trop d'enfants, elle vient d'avoir une fille qui a maintenant 8 mois. Malgré son histoire, ou peut-être à cause d'elle, elle ne ressent pas de fibre maternelle. En tout cas, elle n'a nulle intention de se faire « bouffer » (dit-elle) par sa fille et sûrement pas d'abandonner un travail auquel elle est très attachée. C'est donc en toute bonne conscience qu'elle met Laure en nourrice. Un jour, en revenant la chercher, qu'aperçoit-elle ? Laure, souriant à la fille de la nourrice qui la tient dans ses bras et agitant les bras pour manifester sa joie. Ravalant son sentiment d'exclusion, Monique s'avance souriante vers Laure... qui lui tourne la tête. Meurtrie, vexée, blessée, Monique revient chez elle la rage au cœur. La petite, bousculée, hurle. Monique la met brutalement dans son berceau, lui tourne le dos et la laisse pleurer sciemment. Elle se sent alors horriblement coupable car elle envisage même de frapper l'enfant.

Que s'est-il passé en réalité ? Laure, après cette journée passée avec des personnes qui la stimulent, fait, au retour de sa mère, l'ébauche d'une *réaction paradoxale* (c'est ainsi que l'on nomme la non-reconnaissance par le nourrisson de la mère qui a dû s'en séparer un temps) : elle ne lui sourit pas ; Monique, qui se sent *inconsciemment* coupable de l'avoir abandonnée à la nourrice, vit cette réaction comme un reproche. Elle va punir sa fille de cette réaction, ô combien involontaire pourtant, et du même coup se sentir *réellement* coupable. Car il faut dire que le sentiment diffus de culpabilité est plus insupportable que la culpabilité avouée.

Bien qu'il ne s'agisse pas d'un adolescent, cet exemple montre comment le *sentiment* de culpabilité (inconscient) s'empare d'une situation.

Revenons donc à l'adolescent et à ses parents, à qui le même mécanisme s'applique. Le sentiment de culpabilité inconscient et diffus qui accompagne toute relation d'amour va trouver sa justification dans les problèmes qu'affronte l'adolescent et se transformer pour les parents en certitude douloureuse de ne pas avoir été à la hauteur.

Or, le sentiment de culpabilité appelle non pas l'interprétation mais la *réparation*. Cela explique que les parents puissent être choqués quand, à la suite d'une consultation dans un centre, on leur dit que « c'est gratuit ». Ils se sentent dépossédés d'une démarche qui leur « coûtait » cher et que la gratuité semble annuler. De plus, ils ne se sentent pas déculpabilisés. Leur réaction les entraîne parfois à se dire (et ce n'est pas faux sur le plan inconscient) qu'on ne les a pas compris, voire qu'on s'est moqué d'eux.
Soucieux de répondre au problème de l'adolescent plus qu'à l'anxiété des parents, le psychologue ne tient pas compte de ce sentiment de culpabilité et le néglige dans son appréhension globale du problème. Cela se retourne finalement souvent contre une prise en charge *par la parole*, jugée insuffisante et vécue alors par l'adolescent et par sa famille comme « du vent », c'est-à-dire comme le contraire d'un *acte*, ce qu'elle est, dans le cadre d'une psychanalyse véritable.

La tentation de l'intrusion

Tout comme le sentiment de culpabilité, l'angoisse est mauvaise conseillère. Elle s'observe le plus souvent chez certaines mères que l'éveil de la sexualité de leur fils inquiète. Elle justifie à leurs yeux l'intrusion : fouiller la chambre, ouvrir le courrier, écouter les conversations téléphoniques, etc.

Mme Y ne s'entend plus depuis plusieurs années avec son mari. Celui-ci, dépressif, a finalement préféré s'installer dans un studio près de Paris où il travaille. Leur dernier fils, Hervé, supporte mal de se retrouver seul avec sa mère. Il se confie à la sœur de celle-ci qui est psychologue. Cette tante convainc Mme Y d'accepter une psychothérapie pour son fils. Sous des abords un peu « vieux garçon », ce dernier va petit à petit extérioriser une grande agressivité envers sa mère. C'est que celle-ci a constamment besoin de savoir où se trouve son fils. Il s'est rendu compte qu'elle ouvrait son courrier et, même, qu'elle avait sans doute trouvé la cachette de son journal intime. Un jour de dispute avec lui, elle n'a pu s'empêcher de téléphoner à la mère de son meilleur ami pour lui raconter ce qui s'était passé, ce qui l'a mis hors de lui. Un soir, enfin, alors qu'il venait d'avoir sa première pollution nocturne, elle s'est assise sur son lit et lui a demandé s'il se masturbait... Pourtant Mme Y n'est pas une « mauvaise mère », elle n'a pas « couvé » Hervé, et cela pour l'aider à affronter les autres. Elle n'a pas conscience que son attitude actuelle puisse être mal vécue par un adolescent. D'ailleurs, celui-ci est très partagé entre une certaine complicité avec elle et l'agressivité dont j'ai parlé. C'est qu'en effet, il a été jusqu'à présent sa fierté et que cela lui a procuré des avantages indéniables. Il semble donc que ce soit à partir de la puberté de son fils que cette mère ait développé des inquiétudes archaïques qui lui viennent sans doute de sa préhistoire à elle.

À un moindre degré, il est fréquent que certaines mères inquiètes, et qui se sentent à tort ou à raison insuffisamment soutenues par leur mari, soient tentées malgré elles par ce type de comportement. À leurs yeux d'ailleurs, l'aspect intrusif est totalement effacé par l'angoisse qui le justifie. Si bien que là encore, rien ne sert de les « culpabiliser ». Elles ont remarqué que leur fils était angoissé ou insomniaque ces derniers temps, et elles font la relation avec telle rencontre ou telle influence qu'elles jugent néfaste puisque cela perturbe leur enfant. Il leur faut donc savoir, pour son bien à lui. Un tel raisonnement, on le voit, tient debout et il serait bien maladroit d'émettre un jugement prématuré et inefficace. Le plus souvent, cette tentation intrusive sera éphémère. Cette mère nous dira : « Je sais, je n'aurais pas dû ouvrir cette lettre. » De toute façon, le contenu l'aura invariablement déçue.
En revanche, le médecin, quand il est sollicité – et il l'est souvent par ce genre de mère –, pourra donner d'utiles conseils qui, eux, seront immédiatement suivis d'effets. Celui de ne pas entrer inopinément dans la chambre de l'adolescent, de se retenir absolu-

ment d'y faire le ménage, de se refuser à examiner les draps et de laisser l'adolescent mettre lui-même ses slips au sale... Formulés devant le garçon, ses conseils le délivreront souvent d'une relation trop infantilisante et – cela va souvent de pair – féminisante.

Le copinage

Apparemment opposée à l'intrusion, la réaction de « copinage » n'en est pas si éloignée. C'est le père qui nie la différence d'âge avec son fils. C'est la mère qui met les toilettes de sa fille. Dans les deux cas, le parent concerné refuse de vieillir et ne supporte pas d'être considéré comme interdicteur, c'est-à-dire en fin de compte de ne pas être aimé, aimé comme un copain ou une copine. Dans un premier temps, et parfois très longtemps, l'adolescent jubile, mais arrive un moment où il déchante ; c'est que le copinage est factice et nourrit les illusions et le rêve, mais surtout aboutit, par la proximité qu'il implique, à une véritable intrusion. Cela est particulièrement vrai quand il s'agit d'une relation père-fille ou mère-fils.

> *Pierrick*, 19 ans, est en 1re STT et ne fait rien. Son père est parti du foyer le jour de l'accouchement et il ne le voit plus depuis deux ans. « Il a même la flemme de manger », dit sa mère. En classe, il arrive tout juste a la moyenne car il a une bonne mémoire. Pierrick est en pleine santé, fait des arts martiaux, est coiffé à la « punk ». Il se définit comme « indéprimable » et dit qu'il « s'aime ». Les problèmes avec sa mère sont explicables par des différences de caractère : « Je suis trop extraverti pour elle. » Il y a huit jours, il a invité copains et copines à fêter sa décision d'arrêter le lycée. Les filles défilent : « Je n'ai qu'à claquer des doigts, elles arrivent. »
> Sa mère est d'une tolérance extrême. Elle le laisse rentrer à trois heures du matin. Elle le trouve instable en amour et va jusqu'à faire connaissance avec ces demoiselles. À l'une d'entre elles, qu'elle trouve « trop bien pour Pierrick », elle conseille d'aller

chercher quelqu'un d'autre. Elle avait un ami, mais a rompu parce que Pierrick se battait avec lui. Car tout cela ne va pas sans violence, la violence étant fille du laxisme en matière d'éducation ; il dit à sa mère : « Si tu me touches je t'envoie à l'hôpital ! » Quand sa mère l'a menacé de ne plus le nourrir, il s'est arrêté de manger (à la maison), au grand dam de celle-ci.

Que trouve-t-on chez cette mère ? Abandonnée depuis la naissance de son enfant, elle s'est immédiatement rabattue sur celui-ci. Depuis, ils forment un véritable couple. L'adolescence de Pierrick vient tenter (vainement ?) de séparer ce couple parfois infernal. Mais dès que le garçon tente de s'échapper, la maman déprime et cède.

Cette *dépression* de la mère explique souvent les réactions de copinage.

Marguerite vit seule avec sa mère depuis qu'elle a 4 ans. Elle a 18 ans et manque de plus en plus souvent la classe de terminale A où elle était cependant brillante. Depuis deux ans, le climat s'alourdit. Marguerite, qui a jusque-là pris sa mère comme confidente, se fait plus secrète. Elle est souvent angoissée. Elle accepte avec soulagement de faire une psychothérapie qu'elle investit. Mais la mère vient se confier au médecin pour dire que sa fille ne supporte pas ce nouveau traitement. En fait, elle va tout faire inconsciemment pour faire échouer celui-ci. Car elle imagine qu'il la sépare de sa fille. Il faut que cette mère accepte de parler à un thérapeute, sinon la psychothérapie de la fille est vouée à l'échec.

Le copinage est une réaction de défense contre l'adolescence en tant que séparation. Elle illustre cette crise « en miroir » que l'adolescence peut provoquer chez les parents, crise dite « du milieu de la vie ». Cette crise doit être traitée parfois beaucoup plus activement qu'une crise d'adolescence difficile, sinon l'intrusion presque rétorsive qu'elle entraîne peut faire des catastrophes chez l'adolescent.

La tentation répressive

Elle surgit dans un contexte fort différent, provient le plus souvent du père ou du personnage censé jouer ce rôle, demeure à l'état verbal... car elle est de nos jours rarement suivie d'effet.
C'est le fantasme qu'une solution répressive, la maison de correction, l'internat, va venir à bout d'un comportement caractériel ou d'une paresse incurable.

Depuis quelque temps, *Cédric* adopte un comportement de plus en plus efféminé. Terrorisé par les garçons, il s'affiche avec une bande de filles qui lui servent de « cour ». Il passe des heures à se regarder dans la glace ou à se maquiller. Sa mère, malade mentale, l'a depuis longtemps laissé à la garde de sa propre mère aidée d'un tuteur. C'est ce dernier qui, ne supportant pas l'attitude laxiste du lycée, décide un jour de l'emmener, par la peau du dos, dans un internat connu pour sa cherté autant que par sa sévérité. Malheureusement, arrivés à destination, ils tombent tous les deux sur une porte close : nous sommes en période de vacances scolaires et l'internat est fermé. Il leur reste à faire halte dans un grand restaurant pour effacer ce mauvais souvenir et à retourner à Paris réconciliés.

Mais toutes les tentatives de ce genre n'ont pas ce côté caricatural. À condition que l'internat ne soit présenté ni comme une solution miracle ni comme une mesure de rétorsion et que son « indication » soit posée comme un traitement par un spécialiste, il peut être une bonne solution.

Pierre est l'enfant tardif d'un couple relativement âgé et très uni. Par son métier – il est militaire de haut rang –, le père est réputé savoir faire respecter son autorité. De façon tout à fait inconsciente, son épouse, elle-même fille de militaire, tente de protéger ce jeune Pierre qui ne leur ressemble guère. Sans être à proprement parler un délinquant, celui-ci ne cesse de braver toute autorité qu'il estime injuste. Au lycée, on le retrouve dans tous les chahuts. Bien sûr, son travail scolaire s'en ressent et, bien qu'il redouble, ses résultats sont très mauvais. Il se plaint de l'attitude tatillonne de ses parents dont la maladresse, involontaire, ne fait qu'exacerber son ressentiment. On a un peu l'impression que les parents se sentent obligés, par on ne sait quelle contrainte, d'imposer à Pierre des obligations d'un autre âge. Ils sont très confiants envers le médecin et acceptent avec soulagement la proposition d'internat. Celui-ci s'avérera une excellente solution. Pierre y aura des amis de son âge, passera son bac et fera sa première rencontre amoureuse.

La séparation est parfois la seule solution à un conflit inextricable. De plus, elle réalise souvent dans la *réalité* une opération *symbolique* (« couper le cordon ») qui n'a pu se faire pour des raisons psychologiques multiples et qu'il serait vain de vouloir à tout prix analyser.
C'est pour cela que très souvent le psychanalyste amené à s'occuper d'adolescents joue le rôle de tiers entre les parents et eux.

L'appel au tiers

Il est fréquent que des parents dépassés fassent appel à quelqu'un d'extérieur à la famille : ce peut être un ami, le parrain, le médecin de famille. Ils expriment là la nécessité d'introduire un *médiateur* dans une impasse apparente. Parfois ce tiers est un spécialiste et même s'il ne conseille pas de traitement, il peut débloquer la situation. Cet appel n'est jamais superflu. Quelle est son utilité et le ressort de son action parfois « magique » ?
1) Il peut mettre le doigt sur une souffrance importante qui risque fort de devenir pathologique si on ne s'en occupe pas sérieusement.
2) Il montre à l'adolescent, même et surtout s'il est *réticent*, que

ses parents ne sont pas tout-puissants et cherchent une solution négociée à un conflit parfois physique. Et souvent, ce simple fait suffit à désamorcer ledit conflit.

3) Car cet appel introduit de la « parole » là où régnaient souvent le non-dit des secrets familiaux, la mascarade des réactions de prestance, la baudruche des apparences.

C'est pour ces trois raisons qu'il faut insister sur le prétendu risque de *psychiatrisation* trop souvent allégué.

De quoi s'agit-il ? De parents craignent, en montrant leur fils ou leur fille à un psychiatre, que celui-ci ou celle-ci n'en soit « marqué pour la vie » et ne le leur reproche ensuite. Voire encore, que leur enfant soit « traumatisé », médicamenté, enfermé. Voire même que le simple fait de parler de leurs problèmes leur donne consistance, les réifie, c'est-à-dire fasse exister des craintes qu'ils tentent de conjurer magiquement.

Ces parents, en fait, feignent de confondre psychanalyse et psychiatrie. Pourtant, de nos jours, ce type de parents sait faire la différence entre des médecins qui tentent de résoudre les difficultés par la parole et ceux qui « biologisent » le conflit. Le risque de psychiatrisation pourtant est bien réel... mais il ne touche pas ce genre de parents, en général bien informés. Il touche en revanche souvent des familles modestes attirées par le prestige de l'hôpital et qui ne savent pas que, dans tel service, on va les aider avec toutes les ressources de la psychologie, tandis que dans tel autre, on va décider d'une hospitalisation pour observation en vue d'un traitement par tel nouveau neuroleptique.

□ Des préjugés tenaces

Une fois ces craintes légitimes exprimées et levées, on observe souvent qu'elles cachaient en fait d'autres craintes *plus obscures*.

1) Celle, souvent, de l'immixtion dans des affaires de famille, immixtion d'autant plus redoutée que les affaires en question sont culpabilisées à outrance.

2) La crainte ensuite des reproches de l'adolescent. On retrouve là la peur archaïque du « docteur » qui, éventuellement, va appliquer la punition brandie par les parents. Et il est vrai qu'il n'y a pas si longtemps encore, les ouvrages de psychiatrie parlaient d'adolescent « inintimidable donc pervers ». Cette objection cède le plus souvent à la première consultation.

3) La peur du jugement ou de l'interprétation, enfin. Cela rejoint la question du sentiment de culpabilité. L'« interprétation » redoutée, c'est la fameuse interprétation freudienne dite « sauvage », celle qui assène une vérité sans tenir compte de la personne. En réalité ce genre d'interprétation est plus souvent le fait de non-spécialistes et la vie courante permet d'en entendre tant que le cabinet de l'analyste devient pour certaines personnes le refuge qui les en préservera. Mais, surtout, l'interprétation ou le jugement qu'on craint sont précisément ceux qu'on s'est déjà formulés à soi-même.

En conclusion, on peut dire qu'un avis demandé à un spécialiste n'a jamais traumatisé personne et qu'une consultation souvent unique n'est jamais de trop. Elle seule d'ailleurs permettra de dire – à condition qu'une relation de confiance s'établisse avec l'adolescent – si les problèmes sont ou non mineurs.

❑ Quelques cas de figure

Il arrive fréquemment que des parents viennent *seuls* pour parler de leurs difficultés avec leur adolescent. L'expérience prouve que cela ne donne au spécialiste aucune indication *objective* sur la gravité des troubles éventuels de l'enfant. J'ai entendu ainsi une fois un père me décrire son fils comme un véritable malade mental. Ayant demandé à le voir, j'ai vu un grand adolescent relativement à l'aise, gêné toutefois de me dire ses inquiétudes... sur la santé mentale de son père !

Il arrive aussi que des parents s'inquiètent de savoir si on les recevra sans leur adolescent qui refuse de venir à la consultation.

Il faut bien sûr accepter et surtout ne pas attendre, comme le font certains, la sempiternelle « demande » de l'adolescent(e). En l'occurrence, la demande en question consiste dans bien des cas à ce que l'on parle avec leurs parents !

De toute façon, un tel refus ne préjuge en rien de l'avenir et tel adolescent réticent viendra ensuite volontiers.

En revanche, il faut prendre l'*avis* de cet adolescent et tenir compte de sa *volonté* sans trop chercher à l'influencer. S'il a un véritable besoin de parler à quelqu'un, ce besoin arrivera à s'exprimer par le truchement des parents, à condition que le consultant sache l'entendre.

C'est ainsi qu'en fonction de la réticence de l'adolescent vis-à-vis des parents comme vis-à-vis du psychothérapeute, on arrive à un certain nombre de cas de figure suffisamment diversifiés pour que les exemples abondent.

□ Premier cas : l'adolescent ne parle pas à ses parents et refuse la consultation

Simon a 14 ans. Son père, psychiatre, vient de divorcer d'avec sa mère, psychanalyste. Le divorce se passe très mal, les parents habitent à proximité et tentent maladroitement d'éviter de mêler Simon à leurs conflits en niant tout problème entre eux le concernant. Celui-ci échoue scolairement, s'absente fréquemment des domiciles de l'un comme de l'autre, reste muet sur ses problèmes et fréquentations, refuse enfin de voir un psychanalyste, car il a été en psychothérapie pratiquement pendant toute son enfance... Je reçois donc longuement la maman qui me dit toutes ses inquiétudes : l'avenir, la drogue, etc. Je lui dis de dire à Simon qu'elle est venue me voir et, lors de la seconde rencontre, lui demande de m'envoyer Simon. Celui-ci vient sans difficulté car il a accepté de me rencontrer, à condition que ce ne soit pas pour un traitement ! J'ai en face de moi, contrairement à ce que j'aurais pu imaginer, un adolescent ouvert, plus mûr que son âge, conscient de ses difficultés avec qui je pourrai faire, comme j'ai coutume de le dire par analogie avec la politique, « un vaste tour d'horizon sur les problèmes de l'heure ». Il s'agit en effet de mesurer le degré d'autonomie d'un adolescent pourtant très jeune, qui tente de s'assumer, sans porter de jugement psychiatrique, c'est-à-dire, en fin de compte, idéologique. Toute inquiétude sur la santé mentale a été écartée par cette conversation approfondie qui aura le grand mérite thérapeutique de ne pas entraîner de prise en charge intempestive.

On voit ici que la réticence à consulter n'est que formelle et, somme toute, un moyen de défense approprié.

□ Deuxième cas : l'adolescent ne parle qu'à ses parents et refuse la consultation

Le cas est relativement plus simple. Car l'inquiétude éventuelle et légitime du médecin consultant à propos d'un mutisme pouvant déboucher sur une pathologie plus grave est ici d'emblée écartée par l'abondance des renseignements, confidences, tous « signes » fournis par les parents.

Chantal a 17 ans et inquiète le médecin de famille par sa maigreur. Comme beaucoup de jeunes filles de son âge, elle avait peur d'être trop grosse et a fait un régime qui a rapidement débouché sur une anorexie, c'est-à-dire sur la disparition de la sensation de faim. Comme toutes ses congénères, Chantal n'a conscience ni de la gravité de son état ni du fait que celui-ci traduit un malaise psychologique. Elle accepte dans un premier temps de venir, mais c'est comme si elle était en dehors de tout ce qu'on dit sur elle. Ses parents, eux, sont très coopératifs car angoissés et livreront beaucoup d'informations. En fait, Chantal conserve une bonne relation avec sa mère : le seul reproche qu'elle pourrait lui faire, c'est d'être venue voir un médecin considéré comme un étranger. Finalement, c'est le dialogue avec les parents qui viendra à bout d'un comportement pourtant suffisamment inquiétant pour qu'on envisage une hospitalisation.

□ Troisième cas : l'adolescent refuse de parler aux parents mais accepte volontiers de rencontrer un psychologue

Mireille, 16 ans, est en pleine dépression. Depuis une opération dont la cicatrice reste pourtant discrète, elle s'imagine défigurée. Malgré un physique charmant, elle énumère des disgrâces qui évoqueraient plutôt la figure d'un monstre. Elle n'a jamais connu son père qui s'est contenté de la reconnaître. Elle est intelligente et très cultivée pour son âge, car elle lit beaucoup et dévore les ouvrages de psychologie. Elle a du mal à parler car les sanglots la submergent. De sa mère, que je demande à voir, elle parle peu. Je rencontre alors une femme qui semble venir d'un autre milieu social. Avec un bon sens très campagnard, elle trouve que sa fille fait bien des histoires pour peu de chose. Elle est cependant d'accord pour qu'on la soigne.

Là, au contraire, tout le travail – dont l'efficacité sera remarquable – va se faire avec l'adolescente sans que la mère interfère en quoi que ce soit.

□ Quatrième cas : l'adolescent parle à ses parents et accepte une psychothérapie

C'est bien entendu un cas fréquent et paradoxalement difficile car la facilité apparente du dialogue avec les uns et l'autre peut donner l'impression que l'on pourrait faire un *traitement familial* (sur lequel je reviendrai d'ailleurs).

Nicolas, 15 ans, vient de faire une tentative de suicide. Le psychiatre qui me l'adresse a découvert un secret familial. La mère en effet a fait une grave dépression l'éloignant pendant plusieurs mois du milieu familial, dépression que l'on a cachée aux enfants. Le psychiatre a permis que ce secret soit révélé aux enfants. Et il a eu raison car, *souvent, ces enfants de mère dépressive, ne sachant pas la raison de la tristesse de leur mère, s'en attribuent la cause et dépriment à leur tour sans en connaître l'origine*. Nicolas est très demandeur d'aide et une psychothérapie est rapidement entreprise. Il parle abondamment de ses difficultés sexuelles ou scolaires. Parallèlement, l'ambiance familiale se ressent de cette psychothérapie. Nicolas, plus sûr de lui, s'oppose à son père violemment. Les parents ont une grande confiance dans le thérapeute et demandent souvent a le rencontrer. Mais Nicolas ne supporte pas que ce dernier les voie, encore moins qu'on parle de lui devant eux. En effet, il a honte de l'image que va avoir de lui son thérapeute en qui il a une grande confiance et devant qui il cherche à se montrer sous son meilleur jour. Il faut donc que ces parents puissent parler à quelqu'un d'autre et c'est dans ce contexte que je les verrai. C'est souvent d'ailleurs au moment où la thérapie « marche » le mieux que se fait jour ce genre d'interférence.

Conclusion : peurs ou fantasmes des parents ?

Sentiment de culpabilité, angoisse, dépression sont responsables de « mauvaises » réactions que l'appel au spécialiste devrait rectifier par une intervention quasi magique. La vérité oblige à corriger cette présentation simpliste. Le spécialiste est un praticien avant tout. En ce sens, il observe pour diagnostiquer et cela dans le but de soigner celui qui souffre. Mais voici la première objection. Qui souffre ? Souvent à l'adolescence, celui qui se plaint n'est pas toujours celui qui souffre. C'est que la souffrance n'est pas forcément *reconnue* par celui qui en pâtit et que l'adolescence n'est pas une maladie, même si elle dérange.

Or, s'il est délicat de faire la part d'une *maladie* de celle qui concerne le processus de l'adolescence, il est encore plus difficile de distinguer ce qui est souffrance des parents ou de l'adolescent, de ce qui revient au trouble de la *relation* entre les protagonistes. Dans le domaine de l'adolescence, psychiatrie et psychologie sont *intriquées*. Par exemple, l'adolescence d'un enfant peut réveiller chez les parents des problèmes anciens et oubliés. Ou encore, tel

adolescent ne pourra s'affirmer que sur un mode pathologique, en tout cas en apparence.
Pour les parents, garder la bonne distance, celle qui évite la haine due à une trop grande proximité, n'est pas toujours aisé. C'est pourquoi j'insiste tant sur l'appel au spécialiste : il permet le plus souvent de faire la *part des choses*. Ce qui motive la crainte (et les réactions des parents) est-il justifié, ou est-ce *seulement* de l'angoisse ? En somme, est-ce de la *peur* justifiée par un danger réel, ou un *fantasme*, c'est-à-dire une construction de l'imagination ? L'intervention du spécialiste permet de trancher.
Certaines peurs, en effet, sont bien réelles : drogue, maladie mentale existent. Elles alimentent cependant des peurs irréelles que les médias grossissent. Mais quelle est la différence entre une peur réelle et une peur irréelle quand elle vous atteint ? Tout le problème est là. Dans ces cas, ce n'est qu'*après* la consultation qu'on peut rassurer les parents. On s'aperçoit alors que leurs peurs étaient souvent des *fantasmes*, c'est-à-dire un (mauvais) rêve.
Là encore, leurs thèmes démontrent à l'envi la réalité sexuelle inconsciente de toute relation affective. Car, outre la drogue, c'est la peur que l'adolescent (des deux sexes) soit *enlevé*, ou encore qu'il (elle) se *prostitue*, ou plus simplement qu'il (elle) fugue, avec ce que cela connote de rencontres, de mystère et d'inconnu.
C'est que cet enfant devient un adulte, et un adulte désirant. Cette émergence du désir est parfois attendue, parfois redoutée, et elle est autrement importante que la seule apparition des signes de la puberté. Quelle sera la conquête de notre adolescent : confirmera-t-elle son évolution ou, au contraire, ce qui a été jusque-là caché va-t-il se manifester dans toute son étrangeté ? Là est la question.

VI
LES TRAITEMENTS

Disons-le tout de suite, ce mot de traitement n'est pas des mieux venus. Outre les (mauvais) souvenirs médicaux qu'il peut évoquer, il résonne à l'oreille de façon désagréable. Or, il ne faut pas négliger – surtout avec l'adolescent – ce *pouvoir* des mots : « traiter » dans l'argot de l'école, c'est « insulter », et ce depuis le cours préparatoire ! Avec les soins médicaux, « traiter » implique l'insupportable passivité et les agressions corporelles vécues comme des intrusions. Mais surtout, ce terme est, dans notre domaine, particulièrement inadéquat ! Ce qui se « traite » d'une façon très générale, c'est un *objet*. L'adolescent lui, à juste titre, réclame le statut de *sujet*. Ensuite *traiter* une maladie implique un médecin, sujet *actif*, et un malade, objet *passif*. Or, le domaine de la psychologie impose que le patient soit demandeur, partie prenante du « traitement », bref, *sujet*, c'est-à-dire qu'il parle en son propre nom. Cette évidence... n'est pas si évidente que cela, surtout en psychiatrie de l'enfant, et rappelons-nous que le problème de beaucoup de parents d'adolescents consiste à continuer de considérer ceux-ci comme des enfants. On rappelle souvent l'étymologie du mot enfant : *infans*, celui qui ne parle pas. Mais savez-vous que ce sens, apparemment oublié, continue d'être vrai ? C'est ainsi que me trouvant par hasard dans une réunion d'entreprise, j'entends un jeune cadre parler de sa visite dans un CMPP (Centre médico-psychologique où l'on pratique la psychothérapie et la rééducation d'enfants en difficulté, scolaire le plus souvent). Il avait été scandalisé par l'attitude du médecin consultant, un psychiatre d'enfants compétent, et fustigeait l'attitude irresponsable des « psy ». Or, qu'avait fait de si scandaleux à ses yeux ce médecin ? Eh bien, il avait *osé* demander son avis à son fils, pour qui il consultait !

C'est pourtant la première chose exigible d'un « psy » qu'il prenne l'avis du sujet concerné et respecte un secret absolu. Mais là encore, en parlant de sujet, je risque de choquer certains de mes lecteurs qui risquent d'entendre dans ce vocable de « sujet » l'*assujettissement* du malade, alors que pour moi *sujet* est celui qui parle à la première personne !

Dès le départ, c'est-à-dire dès qu'on parle, risque de surgir le malentendu ! Or, pour revenir au *traitement*, le malentendu est multiple : le modèle médical qu'il implique est inapproprié pour le domaine psychique : il n'y a pas de maladie à proprement parler, et le traitement peut se faire par personne interposée. Alors pourquoi continuer d'employer ce mot ? Parce que *quand un traitement de ce genre est indiqué à bon escient, il guérit ce dont le patient souffre*. Là encore, on me dira que j'emploie un vocabulaire médical. Il est justifié à mes yeux par le fait qu'il y a, même dans le domaine psychologique et surtout quand il s'agit d'enfants ou d'adolescents, un *temps initial où* le médecin (ou le spécialiste) parle au nom du jeune patient et entérine ce que celui-ci demande sans en connaître les termes appropriés. Enfin, il y a, sinon maladie (bien que les symptômes puissent s'organiser en maladie), du moins *souffrance*, et l'intervention psy doit amener une cessation (donc une guérison) de cette souffrance, même si l'intervention elle-même va *au-delà* de la guérison de cette souffrance.

1

Les spécialistes

Le jeune qui a besoin de rencontrer un « psy » se heurte a une première difficulté : celle de la définition de la personne qu'il veut consulter. Aussi allons-nous nous efforcer, de la façon la plus claire possible, de le renseigner.

Le psychiatre

C'est un médecin qui, après son diplôme de généraliste, se spécialise dans les maladies mentales. Cette spécialisation, à la fois théorique et pratique, se fait dans des services de psychiatrie des hôpitaux généraux ou psychiatriques. Avant 1968, la spécialité de psychiatrie était associée à la *neurologie* et beaucoup de psychiatres sont aussi neurologues. Mais il y a plusieurs écoles de pensée en ce qui concerne la psychiatrie. Certains, en effet, pensent que les troubles mentaux proviennent de dérèglements *biologiques*, dérèglements qui peuvent être héréditaires par transmission génétique et ils étendent souvent ce raisonnement à des symptômes aussi courants que l'angoisse et la dépression. D'autres pensent, au contraire, que l'être humain étant doué de parole, tout ce qui le concerne a un sens qu'il faut rechercher dans son éducation et dans son histoire, histoire qu'il a souvent oubliée. Ces deux écoles sont souvent caricaturalement opposées. Parfois, au contraire, elles se résument à un état d'esprit que l'on peut avoir selon les cas et les circonstances. Toujours est-il que le psychiatre, en tant que médecin, peut soigner de façon extrêmement diverse (et différente) en fonction de sa formation personnelle, de ses idées, du type de patient auquel il a affaire. Par exemple, il peut à la fois être neurologue à l'hôpital et psychanalyste dans son cabinet. Beaucoup de psychiatres ont suivi une psychanalyse personnelle, mais ne sont pas psychanalystes pour autant. Certains sont psychanalystes exclusifs mais peuvent, comme médecins, signer des feuilles de Sécurité sociale qui permettent à leurs patients d'être remboursés.

Le psychologue

Comme pour le psychiatre, il y a en gros deux types de psychologues, ces types n'étant pas exclusifs l'un de l'autre. En effet, d'une part une certaine psychologie permet de caractériser les personnes, de mesurer l'intelligence, de cerner les aptitudes. Cette psychologie est utilisée dans les entreprises par les organismes de sélection, mais aussi à l'école et dans les centres où l'on pratique des *tests*. Ces tests sont, eux aussi, de deux ordres : les uns permettent de quantifier l'intelligence, d'autres de déceler la personnalité profonde.
D'autre part, comme chez les psychiatres, beaucoup de psychologues se sont fait analyser. Certains sont devenus exclusivement psychanalystes, d'autres exercent plusieurs types d'activités dans des centres.

Le psychanalyste

Le titre de psychanalyste n'est pas reconnu officiellement, si bien que n'importe qui peut s'installer comme psychanalyste ! Pourtant, depuis Sigmund Freud, le créateur de la psychanalyse, qui avait regroupé ses élèves dans la première société, celle de Vienne, les psychanalystes véritables ont toujours éprouvé le besoin de se regrouper dans des sociétés nationales et internationales officielles (l'IPA, International Psychoanalytical Society) ou dissidentes (les groupes lacaniens en France, par exemple). Mais ils ont jusqu'à présent refusé toute homologation officielle et tout statut, ceci afin de préserver leur formation personnelle et originale, qui n'a rien à voir avec un diplôme universitaire. Cette formation, en effet, c'est la psychanalyse personnelle, c'est-à-dire le fait que le futur psychanalyste passe lui-même par le traitement dont il fera bénéficier ses patients. Après cette psychanalyse, il est (ou non) reconnu par ses pairs. On peut donc avoir le titre de psychologue ou de psychiatre sans être pour autant psychanalyste, et inversement être psychanalyste sans avoir ces titres. Mais, sur le plan légal, avec ou sans titre, quelqu'un peut s'installer comme psychanalyste, mettre cette mention sur une plaque ou une carte de visite sans avoir eu la formation nécessaire, c'est-à-dire sans avoir mené une psychanalyse personnelle suffisante.

La confiance

C'est ce qui explique à quel point la notion de confiance est essentielle quand se fait le choix du thérapeute. Cette confiance est cependant à double tranchant, puisque c'est évidemment sur ce critère que les charlatans acquièrent leur clientèle. Le débat serait donc superflu si la confiance ne s'appuyait en fait sur certains éléments réputés objectifs. Ces éléments sont d'abord l'appartenance du psychanalyste à une société qui les reconnaît ; cette reconnaissance s'appuie à la fois sur celle de sa psychanalyse personnelle et sur les conférences ou articles qu'il a faits en tant que psychanalyste, ou encore sur les cures qu'il a pratiquées en en parlant à un psychanalyste dit *contrôleur*. Mais il y a un autre élément, encore plus important : c'est la certitude que votre psychanalyste a compris votre *problème* et qu'il va le prendre en charge. Or, cette certitude n'est pas forcément immédiate : la *confiance, en effet, s'acquiert.* Aussi n'est-il pas indispensable de la donner complètement à quelqu'un qu'on ne connaît pas.

Il y a toujours, au début d'une psychanalyse, une période où les deux protagonistes se « testent mutuellement ». Cette période est souvent appelée celle des *entretiens préliminaires*, au cours desquels le patient expose son problème tandis que le psychanalyste pose quelques questions. Cette période est essentielle pour qu'une psychanalyse démarre sur de bonnes bases. Mais, chez l'adolescent, dont le psychanalyste a été choisi en règle générale par les parents, cette période « déborde » ces premiers entretiens et la confiance ne s'installe qu'après que le psychanalyste a fait ses preuves !

La croyance

On entend souvent dire que pour faire une psychothérapie ou une psychanalyse, il faut y croire. Il suffirait donc de faire un acte de foi pour parler ! Freud disait déjà que cela est faux. Il ajoutait qu'il fallait, en revanche, accepter les règles pour que l'expérience puisse tout simplement avoir lieu. On ne peut donc pas refuser l'expérience sous le prétexte qu'on ne croit pas à la psychanalyse. Mais le problème est plus complexe que cela. Le phénomène de la croyance, même quand on tente de la rationaliser – c'est-à-dire de l'« expliquer » – est présent – sous un aspect positif ou négatif – dans toute relation interhumaine. Cela est déjà vrai, bien sûr, en médecine où, au-delà de ce qu'il dit, on interprète les silences du médecin en fonction de ce qu'on espère ou de ce qu'on craint. C'est encore plus vrai en psychothérapie, où le praticien est crédité d'un savoir d'autant plus grand qu'on lui a beaucoup parlé. Ce phénomène, appelé *transfert*,° est entré dans la langue commune. C'est lui qui peut donner l'impression qu'il « faut y croire » pour

° Cf. p. 207.

commencer, alors qu'il n'est que la conséquence du respect d'une règle. Toujours est-il que l'être humain est éminemment influençable. Cela a pris une dimension scientifique au XIXe siècle avec l'apparition de l'*hypnose* et de la suggestion qu'elle facilite. Freud est parti de là pour inventer la psychanalyse, dont le but est précisément de dépasser l'influence que représente l'hypnose.

2

Les traitements

Tous reposent théoriquement sur la psychanalyse, mais peuvent prendre pratiquement des formes fort diverses.

La psychanalyse

Elle est née le jour où une patiente, que Freud traitait par l'hypnose en lui suggérant d'abandonner ses symptômes et en l'aidant à retrouver des traumatismes psychiques de l'enfance, demande à ce dernier de se taire pour la laisser parler. C'est elle, peut-on dire, qui a inventé la psychanalyse. Cette méthode est basée sur l'*association d'idées*. En effet, si on laisse une idée en entraîner une autre, le psychanalyste entend dans leur succession une logique qui n'est pas voulue, mais qui était jusque-là *inconsciente*. Pour cela, il faut laisser venir les idées et les dire toutes sans réserve. *La méthode impose donc une règle*. Et cette règle est très difficile à respecter. Si je « cherche », en effet, je bloque toute spontanéité et j'empêche les idées de surgir d'elles-mêmes. Si, en revanche, je dis n'importe quoi, je risque de « raconter » en restant superficiel. Certains arrivent à cet équilibre qui est difficile à tenir pour tous. D'autres, pourtant pleins de bonne volonté, n'y arrivent pas : il faut alors envisager d'autres méthodes.

Idéalement, pour qu'une psychanalyse « marche », il faut que le patient en fasse la demande librement à un analyste sans qu'un tiers interfère, qu'il le rencontre trois fois par semaine et qu'il paie lui-même le thérapeute. Ces conditions idéales sont rarement réunies chez l'adolescent, mais on peut s'en approcher et je dois dire que, plus on s'en approche, plus la psychanalyse a des chances d'être efficace.

On dit que pour « guérir », la psychanalyse doit viser plus loin que la guérison elle-même. Qu'est-ce que cela veut dire ? Freud a dit que tout *symptôme* est un *compromis*. Un symptôme, c'est une gêne parfois visible, parfois secrète, qui démontre au sujet que quelque chose ne va pas puisque ce symptôme se manifeste malgré sa volonté : « c'est plus fort que lui ». Les symptômes peuvent être multiples et variés : angoisses de toutes sortes, phobies, obsessions, malaises physiques divers, etc. Ce symptôme est un compromis entre l'*envie* et l'*interdit* (entre la pulsion et le surmoi si on préfère !). Pourquoi ? Parce qu'il travestit l'envie, il la déguise sous une forme morbide. L'interdit est donc respecté, mais en même temps, et de manière déguisée, le symptôme la satisfait. On peut donner comme exemple la phobie des chevaux chez le petit Hans, premier enfant ayant bénéficié de la psychanalyse, chez lequel le symptôme phobique traduit l'angoisse et la haine à l'égard du père en tant que rival de la mère, dans le cadre du complexe d'Œdipe.

La psychothérapie

Alors que dans la psychanalyse, le patient est le plus souvent allongé sur le célèbre divan, la psychothérapie se pratique « face à face ». Pour le patient, il s'agit plutôt d'un dialogue et cela, même si le psychanalyste est silencieux. En effet, le fait de *voir* ce dernier, de *lire* ses mimiques sur son visage donne l'illusion au patient de mieux contrôler la situation, d'évaluer l'effet de ses paroles sur son interlocuteur. En réalité, il n'en est rien puisque le psychothérapeute, par définition, reste neutre et ne dit pas ce qu'il pense. Toujours est-il que la psychothérapie fait moins peur, est moins fréquente, va moins en « profondeur » que la psychanalyse. Elle est parfois une façon de se préparer à l'analyse, surtout si elle est pratiquée par un psychanalyste. Car là aussi il faut savoir qu'il y a des psychothérapies de toutes sortes, qui sont pratiquement toutes inspirées de la psychanalyse, qu'il s'agisse du « rêve éveillé dirigé » (RED) ou de certaines thérapies dites nouvelles. Mais on peut se demander si des thérapies qui s'appuient surtout sur l'imaginaire ne sont pas dangereuses à l'adolescence où l'imagination est exacerbée, d'autant que ces thérapies ne sont pas, en règle générale, pratiquées par des psychanalystes.

D'autres thérapies, en revanche, n'ont rien à voir avec la psychanalyse, dans la mesure où elles s'appuient sur le *comportement*, en récusant volontairement tout ce qui est subjectif. Si l'on peut penser qu'elles peuvent être utiles dans certains cas où les symptômes sont enkystés, la plasticité de l'adolescence ne devrait guère leur convenir.

Différentes sont les techniques de thérapies corporelles comme la « relaxation » par exemple, qui utilise beaucoup la théorie analytique mais s'appuie sur le contrôle nerveux du corps. Cette méthode peut être utile dans certains cas où le fait de parler angoisse paradoxalement l'adolescent, angoisse qui le paralyse secondairement, créant un cercle vicieux. S'il sait que la relaxation vise à l'aider à s'exprimer un jour par la parole, l'adolescent pourra grandement bénéficier de cette technique qui a fait ses preuves.

Le psychodrame individuel

Pour les adolescents qui veulent parler pour guérir, mais qui sont dans l'impossibilité de le faire, le psychodrame individuel offre une technique de choix. On a l'habitude de penser que le psychodrame se fait en groupe et il existe en effet un psychodrame

de groupe, qui ne me paraît pas le mieux convenir à l'adolescence, justement parce que l'adolescent est déjà en groupe où il reçoit des autres quantité d'informations sur lui-même, mais aussi des interprétations sauvages sur son comportement.
Le psychodrame individuel est formé par un groupe de cothérapeutes (eux-mêmes analysés ou analystes) animé par un psychanalyste, face à un seul patient. Le patient propose une scène de sa vie, ou une scène qu'il imagine. Le psychanalyste pose quelques questions, pour en comprendre les enjeux. Le patient choisit parmi les cothérapeutes les protagonistes de cette scène dans laquelle il joue son rôle, ou le fait jouer par un autre. Au cours de la scène, chaque thérapeute s'adapte, dans le rôle qu'il incarne en improvisant, aux paroles du patient, dans un véritable dialogue. Cette technique, bien utilisée, peut faire des miracles pour tous ces adolescents qui demandent une thérapie mais refusent volontairement ou non la relation duelle.

Florent a 18 ans, redouble sa terminale et souffre d'une grave inhibition qui touche tous les domaines. Il a déjà fait une psychothérapie analytique, mais se plaint (comme beaucoup) du silence de sa thérapeute. Il est grand, affable, plein de bonne volonté... mais incapable de répondre aux questions autrement que par monosyllabes. *A fortiori*, il est strictement incapable d'*associer librement* comme le propose la psychanalyse. Pourtant, il sait que son blocage est psychologique et il en cherche les causes sans y arriver. Il vit dans un milieu traditionnel et est manifestement dominé par la figure paternelle. Ce blocage l'empêche d'avoir des relations naturelles avec ses amis, de riposter aux remarques tatillonnes de son père autrement qu'en quittant la table et, bien sûr, de réussir en classe à la mesure de ses efforts. Florent accepte le psychodrame individuel. Certes, là aussi il manque d'idées, mais à partir d'un dialogue initial entre lui et moi, je lui propose de jouer les scènes que ce dialogue évoque : par exemple, la rencontre récente avec une jeune fille ou l'enterrement du grand-père. L'association de ces scènes a suffi pour que les cothérapeutes se fassent une idée de ce qu'ils vont jouer. Dès lors, après avoir

> choisi les protagonistes, distribué les rôles dont le sien (qu'il peut jouer ou non), Florent est pris par le jeu. Il ne pense plus à se surveiller et, s'il se contrôle encore, il peut néanmoins dire ce qu'il pense. Quand il joue son rôle et qu'il n'ose manifestement pas dire certaines choses, il m'arrive de le « doubler » et de parler quelque temps à sa place. Si je ne me trompe pas, cela lui permet de continuer sur le même ton. Si j'exagère, il arrête le jeu. Quelquefois le dialogue est tel que Florent fait un lapsus ou se trompe de rôle : c'est que l'inconscient a pu s'exprimer à son insu.

Cette technique a une efficacité évidente. Dans le cas de Florent, elle lui permettra enfin de comprendre que, s'il est dangereux de parler, il est parfois encore plus dommageable de se taire. Il fera rapidement de gros progrès dans l'expression et la communication avec autrui, ce qui retentira au bout d'un an sur son travail et ses relations personnelles.

<u>Catharsis</u> : en psychanalyse, réaction de libération ou liquidation d'affects longtemps refoulés dans le subconscient et responsables d'un traumatisme psychique.

3

La consultation des parents et de l'adolescent chez le psychanalyste : des fantasmes à la réalité

Les fantasmes

Si j'ai rendez-vous avec quelqu'un que je n'ai jamais vu, je vais *imaginer* qu'il (elle) est comme ceci ou comme cela. Je vais *supposer* que la conversation va se dérouler de telle façon ou de telle autre. Je vais *anticiper* sur la réponse que j'attends de l'autre. Bref, je vais *fantasmer*. Si, de plus, je vais voir pour la première fois un « psy », ces fantasmes vont se parer d'un imaginaire très particulier. Certes, ils ne sont pas forcément aussi puissants chez tout le monde, mais celui qui s'en dirait complètement dépourvu est très suspect de se barrer l'accès à l'imaginaire.

Ces fantasmes sont souvent dits « archaïques » parce qu'ils font appel à des impressions très anciennes, mais aussi parce qu'ils rejoignent les préoccupations des peuples primitifs, voire de nos très lointains ancêtres. Le psychanalyste, en effet, parce qu'il est censé deviner les mystères de l'âme, prend la succession de toutes les figures, tour à tour charismatiques ou diaboliques, qui ont fasciné l'humanité, des âges les plus reculés jusqu'à nos jours, du sorcier jusqu'à la cartomancienne. Et, même chez les gens les plus rationnels, cet héritage est présent. Il a même pu s'alimenter grâce aux découvertes médicales, électroencéphalogramme ou autres techniques, donnant au psychiatre des armes nouvelles, et mélanger ainsi le pouvoir médical avec le pouvoir psychologique. De nos jours où la médecine est largement démystifiée, la psychanalyse reste par contrecoup investie du mystère dont nous avons tous besoin.

La peur de l'anormalité et de la folie

Quand, à ces fantasmes, s'ajoute le fait que l'adolescent est amené par ses parents, l'imagination peut devenir une réalité inquiétante. Encore une fois, l'adolescent ne vit pas seul mais entouré d'une famille chez qui il suscite des réactions. De plus il se considère, à juste titre, comme le produit de l'éducation donnée par ses parents. Si ceux-ci l'amènent, comme cela arrive encore trop souvent, sans même le prévenir, il se sentira immanquablement désigné comme *l'anormal, le malade, le fou.* À un moindre degré, comme celui qui perturbe les autres, celui qui est responsable de la mésentente familiale, bref, comme le bouc émissaire. Il est clair que si on veut aider l'adolescent, il faudra d'abord éliminer ces idées préconçues, qui risquent très souvent de conforter l'adolescent dans la mauvaise image qu'il se fait de lui et qui peuvent conduire à des catastrophes. En voici un exemple extrême, mais instructif.

Robert a 16 ans. Il a une petite sœur de 6 ans et vit avec ses parents dans une villa de grande banlieue. Il est très isolé, n'a pratiquement pas de camarades. Il aime beaucoup les enfants et a passé son enfance dans un pays d'Asie où régnait une grande promiscuité. Sa mère fréquente une voisine jeune et un peu déséquilibrée qui vit seule avec Julie, sa fillette de 8 ans, depuis que son mari l'a quittée. La mère de Robert supporte mal son rapatriement dans une province qui n'est pas la sienne, et elle n'est pas très attentive aux préoccupations de son fils. Le père est très occupé et fuit la maison. Il a eu, de son côté, beaucoup de problèmes avec une famille catholique intégriste et très rigide. Robert ne leur parle pratiquement pas. Il se lie avec la voisine et sa fille. Cette voisine aurait eu des « vues » sur lui, malgré la différence d'âge. Lui-même, comme cela arrive plus souvent qu'on ne le croit chez des adolescents isolés dans leur solitude et en proie à leurs pulsions sexuelles, a des jeux sexuels avec Julie. Un jour, il prend peur car Julie raconte tout à sa mère. Celle-ci, furieuse, porte plainte. Dès lors, et avant toute enquête, Robert vit dans une panique folle. Il jure de se jeter sous la voiture de la voisine, écrit des lettres insensées. Une proposition de consultation, loin de le rassurer, le panique encore plus. Il fait une tentative de suicide et se retrouve à l'hôpital. Actuellement il va très bien et le problème pédophilique n'est plus qu'un lointain cauchemar. Le juge pour enfants n'a pas donné suite. D'ailleurs la mère avait retiré sa plainte.

La peur de la sanction

Le fait que les parents consultent peut aussi faire croire à l'adolescent(e) que ceux-ci viennent chercher chez le médecin des solutions répressives. Il est vrai que certains parents désemparés parlent encore de « maison de correction » et il est tout aussi vrai que le psychiatre peut faire appel au juge pour enfants, tant pour pallier la défaillance des parents que pour protéger l'adolescent contre lui-même. Mais encore faut-il évaluer la situation. Que dire en effet de ce cas :

M. et Mme Morin viennent consulter pour leur fille Élodie qui a refusé de venir (voir p. 98). Ils la soupçonnent de se droguer. Ils sont sûrs qu'elle fréquente un dealer. D'ailleurs, le frère aîné a eu les mêmes problèmes étant jeune. Comment savent-ils tout cela ? Eh bien en enregistrant sur une cassette ses conversations téléphoniques. « Voulez-vous écouter, docteur ? Et puis on n'arrive pas à l'empêcher de sortir. » Pourtant le mur de la propriété est haut. Le gardien nouvellement engagé à cet effet fait des rondes le soir, mais il ne peut guetter en permanence. Ce samedi, elle va en boîte. Par chance, le patron est un ami des parents qui leur raconte tout !

On voit à quels sommets le non-dialogue peut conduire. Il faut donc faire cesser cette escalade. On comprend que, dans ces conditions, Élodie refuse la consultation dans un premier temps. Rapidement, en effet, après quelques entretiens avec les parents, elle vient rencontrer celui qu'elle appelle déjà « son psy » *(sic)*.

Comment se déroule une consultation, côté psy, une fois ces craintes préliminaires atténuées ?

4

La consultation vue du côté du « psy »

Le plus souvent l'adolescent(e) vient avec ses parents. La présence des deux parents montre qu'ils se sentent très concernés. On a donc d'emblée un entretien « familial » dont est cependant exclue la fratrie (et cela a une grande importance). C'est à ce moment qu'il faut sérier les problèmes qui se posent. Ils sont, dans l'ordre : *concrets*, *relationnels, psychologiques*. Parfois, bien sûr, on va directement au problème psychologique qui est au premier plan. Parfois, au contraire, on est obligé de s'occuper *d'abord* du problème concret. Mais, de façon générale, cet ordre est à respecter, sous peine de tout embrouiller.

Les problèmes concrets

Les problèmes concrets dominent parfois la situation, ce qui ne veut pas dire qu'ils soient à l'origine de tous les maux, mais qu'il faut fréquemment les régler *avant* d'en comprendre les causes. Parce que le soulagement de cette souffrance est un préalable à un véritable dialogue.

□ Le problème scolaire

C'est lui qui est souvent au premier plan et dont l'urgence a motivé, souvent en dernier ressort, la consultation d'un psy. Cela

va de l'absentéisme scolaire à l'éviction, en passant par la baisse subite du rendement scolaire ou l'avis de redoublement. Soit l'adolescent sait pourquoi il en est arrivé là, le dit et demande de l'aide : la solution concrète viendra en général d'elle-même et il faut savoir qu'on peut toujours, de nos jours, trouver une solution. Soit l'adolescent accepte seulement l'aide concrète à son problème. Il faut alors respecter cette demande et soutenir les parents. Ils serait, à mon avis, néfaste de vouloir à tout prix faire de la psychologie et essayer d'interpréter dans ce cas. Quelquefois l'adolescent(e) a de tels problèmes de compréhension qu'il (elle) doute de son intelligence. Il faut savoir alors proposer des tests d'intelligence qui seront le préalable au dialogue.
Parfois, enfin, se pose un problème d'orientation scolaire. Un examen fait par quelqu'un de qualifié et de qualité peut alors avoir un véritable effet thérapeutique. Il arrive même que cet examen soit nécessaire *en cours de psychothérapie ou de psychanalyse.*

Nicolas est en psychanalyse trois fois par semaine. Malgré cela, il continue de se déprimer. Il n'a pas de copines, n'arrive pas à se mettre au travail, « sèche » les contrôles et se sent encore plus coupable. Il prétend avoir été mal orienté en classe de première. Ou plutôt il vit comme une humiliation le fait de n'avoir pu accéder, comme son père, à la prestigieuse section scientifique qui lui aurait donné la place qu'il revendique. Bref, il a un comportement d'échec typique. Je décide de l'envoyer à une orientatrice extrêmement compétente qui, dans un premier temps... lui parle de faire du dessin ! N'est-il pas doué pour cela en effet ? Nicolas, qui a été reçu avec ses deux parents, se sent beaucoup plus détendu par cette proposition. Puis, dans un second temps, après examen approfondi, Nicolas me déclare qu'il reste dans sa section. Et, miracle, il se met à travailler, reprend confiance en lui, a une bien meilleure note que prévu au bac de français et tombe amoureux !

□ Les problèmes médicaux

Il faut bien entendu vérifier que l'adolescent(e) est bien suivi(e) médicalement. Ce n'est pas toujours le cas. Pourtant, dans ce domaine aussi, le problème est parfois au premier plan. Les exemples abondent.

> *Simon* avait mal au dos en faisant du skate-board. Il n'osait en parler. Le pédiatre, qui est aussi médecin du sport, le conseillera très utilement. *Fabrice*, gêné par son retard pubertaire, avait en fait un *diabète* dont le traitement a déclenché la puberté. *Robert* était couvert d'une acné monstrueuse qui l'empêchait « objectivement » de rencontrer des filles de son âge. *Claire* n'osait s'autoriser à consulter une gynécologue, elle avait pourtant bien besoin de conseils de contraception. *Laure* qui a un problème d'obésité est ravie qu'on lui propose de rencontrer la diététicienne de l'hôpital, etc.

Ces exemples montrent en tout cas que ce n'est qu'après la consultation psy et, bien sûr, si l'on est attentif à ce problème, que l'adolescent(e) pourra consulter un médecin. Auparavant, en effet, cette absence d'intérêt pour soi, extrêmement fréquente, rentrait dans le cadre plus vaste des problèmes de l'adolescence. Ce n'est que lorsqu'on a commencé à répondre à ces problèmes qu'on peut, dans un second temps, s'occuper du corps, pour reprendre ensuite et à nouveau le problème psychologique.

□ Les problèmes légaux

Ils sont plus nombreux depuis que l'État les prend en considération, qu'il s'agisse des mauvais traitements, des problèmes d'abus sexuels ou de viol, ou enfin de l'intervention du juge pour enfants (jusqu'à 18 ans) pour des problèmes de violence, de délinquance ou de drogue. Là aussi, si ces actions ne peuvent se décider sans dialogue avec le psy, une aide psychologique ne peut se faire sans avoir résolu auparavant ces problèmes concrets. Dans ce genre de cas, le juge pour enfants est un partenaire extrêmement utile, parce qu'il agit dans un champ totalement différent de celui du psy et qu'il incarne une loi ou une société qui pour beaucoup d'adolescents restaient jusque-là lettre morte.

Les problèmes relationnels parents-adolescent

Apparaissant d'emblée au premier plan, masqués derrière les problèmes matériels, ou encore persistant malgré le traitement de l'enfant, les problèmes de relation entre parents et adolescent(e) sont toujours présents au moment de la consultation. S'occuper de ces problèmes implique de s'occuper *et* de l'adolescent *et* des parents. Parfois l'adolescent ne réclame pas d'autre aide que celle qui consiste à voir *d'abord* les parents ; à l'opposé, l'adolescent peut réclamer un traitement et un jour ou l'autre les parents vont réagir.

□ Voir les parents sans l'adolescent

Cela suffit parfois à améliorer la situation de la famille et de l'adolescent. Les adolescents disent en riant que « les parents se font soigner à leur place », ce qui n'est pas tout à fait vrai. En fait, ce sont les parents qui sont en quelque sorte les thérapeutes. Ils viennent, comme les thérapeutes débutants qui se font « contrôler » par un psychanalyste chevronné, parler de ce qui les dépasse et les angoisse. Cela leur permet de prendre de la distance avec les problèmes et, du coup, de mieux répondre aux questions de leur adolescent(e). Le psychanalyste qui les écoute ne *soigne* pas, *stricto sensu*, mais joue le rôle en quelque sorte d'un *joker* qui permet au jeu naturel des interactions de se débloquer.

La famille Lambert illustre tout à fait ce rôle : je reçois un jour des parents inquiets venus seuls parce qu'une première consultation a rendu leur fils méfiant et opposant. Ils sont inquiets à juste titre puisque, au retour des vacances familiales, celui-ci refuse soudain d'aller au lycée sans donner de raison valable, sinon en arguant de difficultés scolaires – il est en première – prévisibles. Il s'avère, bien entendu, que cette aversion scolaire est sans doute en rapport avec la rencontre d'une jeune fille, à qui il écrit régulièrement et dont il attend les lettres avec anxiété. Il refuse cependant de se confier, même à son frère aîné avec lequel il continue d'aller régulièrement dans un club où ils pratiquent des arts martiaux qui les passionnent tous les deux. L'absentéisme scolaire s'aggravant, les parents ne savent plus à qui s'adresser d'autant que les enseignants, pourtant coopératifs, ne savent plus quoi faire non plus. J'accepte donc de recevoir ce garçon à qui on a parlé – sans plus – de consultation médicale. En fait, celui-ci n'attendait que cela. Chose curieuse, il n'est pas aussi réticent que me l'annonçaient ses parents et accepte de parler facilement. Je ne le reverrai plus. En revanche, il sait que je vois ses parents seuls ou ensemble et il me parle par leur intermédiaire. Le problème scolaire, pourtant délicat, trouvera lui-même une solution et la relation épistolaire suivra le cours des amours de vacances. Tout le travail se fera donc avec les parents et aura une conséquence bien inattendue. Le frère aîné, en effet, qui ne posait pas de problèmes, se mettra lui aussi à manquer l'école et aboutira tout naturellement à ma consultation. Le contact avec lui sera fort différent et nous permettra de nous voir régulièrement sur une courte période. Actuellement, tout va bien.

De quoi s'agissait-il dans cette famille ? De régler la bonne distance entre les uns et les autres. Je n'entrerai pas dans le détail des particularismes familiaux, sinon pour dire que les grands-parents conservaient, eux, d'excellentes relations avec les adolescents en crise. En revanche, les parents étaient aux premières loges et avaient du mal à accepter ce qu'ils prenaient pour des provocations insupportables. Ces provocations portaient en fait sur des goûts vestimentaires ou esthétiques qui, il est vrai, donnaient à leurs enfants un look peu BCBG. Ces provocations n'étaient que des indices, des signes que donnaient ces enfants pour dire qu'ils n'en étaient plus.

Le fait de dialoguer avec les uns et avec les autres, de jouer les intermédiaires non complaisants a simplement permis aux uns et aux autres de se parler par mon truchement, sans que je joue un autre rôle que celui-là. D'ailleurs, les choses revenues dans l'ordre, tout le monde s'est fort bien passé de moi.

□ L'adolescent est en psychothérapie ou en analyse

Parmi les modifications de comportement qu'induit l'adolescence, les fréquentations, comme on dit, sont au premier plan. Ces fréquentations, par lesquelles l'adolescent fait ses expériences de la vie et des gens, inquiètent souvent les parents par leur côté tapageur ou nimbé de mystère. Parfois, au contraire, c'est une relation plus ou moins stable que noue l'adolescent(e) avec un(e) petit(e) ami(e). Dans tous les cas, l'ambiance familiale est changée. Cela se remarque surtout quand il y a des frères et sœurs plus jeunes, qui sont intrigués à la fois par les amis du frère ou de la sœur et par les réactions des parents : ils posent des questions indiscrètes comme savent le faire les enfants et mettent souvent leurs aînés dans l'embarras quand ils révèlent aux parents les confidences qu'on leur a faites, ou simplement ce qu'ils ont vu.

Mais il est une relation encore plus mystérieuse. C'est celle que peut nouer n'importe quel membre d'une famille avec ce personnage à la fois omniprésent et invisible qu'est le psychothérapeute. Omniprésent, celui-ci l'est dans la mesure où chacun sait que ses propos peuvent lui être rapportés. C'est ainsi qu'on a pu dire que le psychanalyste (ici synonyme de psychothérapeute) n'analysait jamais une seule personne, mais, en fait, tout le groupe familial. Les membres de la famille, de leur côté, ne se feront pas faute, s'il y a conflit, de le citer pour ironiser sur son action, voire de le prendre à partie. Pourtant, tout le monde sait que le psychothérapeute n'aura aucune autre relation que technique avec son patient et qu'il est strictement tenu au secret professionnel. Mais, d'une part, cette règle subit quelques entorses, en particulier si le praticien voit les parents, et d'autre part, elle est difficile à tenir pour l'entourage. Il est en tout cas une *raison* qui explique qu'elle soit si difficile à tenir et il faut en parler ici. Cette raison, c'est le *transfert*.

Qu'est-ce que le transfert*? Tout le monde sait pratiquement en quoi il consiste... consciemment : c'est la reproduction avec l'analyste des liens affectifs qui ont compté pour le sujet, soit par leur importance, soit au contraire par leur absence. Le sujet ou le patient va donc, comme chacun sait, *répéter* avec son psy un type de relation qu'il a privilégié durant son existence. Cette notion est tellement connue, depuis la diffusion de la psychanalyse, que les patients en parlent à tout le monde. Mais il est un autre aspect du transfert qui, lui, est autrement inquiétant puisqu'il est inconscient : c'est la place à laquelle le patient met son analyste. Et cette place, qui dépend non seulement de son histoire mais aussi de sa préhistoire, est parfois aussi démesurée que celle d'une divinité.

On sait comment, et à juste titre, les familles peuvent mal réagir quand un enfant devient l'adepte d'une secte, voire même se convertit à une religion inconnue. Or, il s'agit ici de quelque chose qui peut y faire penser (même si c'est faux) et ce n'est pas pour rien que très souvent l'entourage parle du « gourou » pour désigner ironiquement le psychanalyste.

On a beau savoir que tout cela a été prévu, que c'est écrit dans les livres, on a beau savoir qu'il s'agit de quelque chose de normal et même de souhaitable, qui doit apparaître pour disparaître à la fin de la cure, c'est tout de même difficile à supporter pour les parents. Ou plutôt, il y a des moments clefs où subitement quelque chose devient, pour eux, insupportable :

* Transfert : acte par lequel un sujet, au cours de la cure psychanalytique, reporte sur le

psychanalyste soit une affection, soit une hostilité qu'il éprouvait primitivement, surtout dans l'enfance, pour une autre personne (père, mère, ...).

Luc a 19 ans, il vient de présenter pendant l'été plusieurs crises d'angoisse qui ont convaincu tout le monde qu'il fallait faire quelque chose. Son père, que je ne verrai jamais, me téléphone sur le conseil d'un ami et accepte parfaitement la psychothérapie qui devient très vite une psychanalyse. C'est que Luc joue remarquablement le jeu. Je n'aime pas à vrai dire cette expression pour qualifier ce qu'est la règle de la psychanalyse, mais il faut dire que cette règle est particulièrement difficile à respecter. Il s'agit en effet de dire ce qui passe par la tête pendant la séance sans aucune restriction liée au respect humain, à la honte ou tout simplement à la banalité. En fait, il ne faut ni réfléchir ni raconter, ce qui laisse une marge relativement étroite au déroulement du fil associatif. Car l'analyste se sert des associations d'idées ainsi mises au jour pour construire son jugement. Luc y parvient, car son esprit a suffisamment de souplesse. C'est ainsi que, très vite, il en arrive à se poser des questions sur le rôle de ses parents. Ceux-ci, encore une fois, sont assez attentifs et respectueux de son individualité pour l'avoir laissé entreprendre une démarche dont ils ont compris la nécessité avec quelqu'un à qui ils font confiance.

Comme tous les êtres humains, nous jouons – et nous nous jouons à nous-mêmes – une certaine comédie. Aucune allusion péjorative ici. Cette « comédie » est indispensable. Elle fait que notre être communique avec l'autre par le filtre du « paraître ». C'est ainsi que nous jouons toujours, que nous le voulions ou non, un certain rôle. Dans le couple, en particulier, ces rôles sont remarquablement distribués, à tel point qu'il est parfois difficile d'en apercevoir les failles ; pour l'enfant c'est encore plus difficile, car même s'il est porté à la contestation, il manque de repères. Rôles masculin et féminin riment avec papa et maman relativement facilement.

Pourtant arrive un moment, quelquefois d'ailleurs très tôt dans la vie de l'enfant, où celui-ci compare ses parents aux autres. Mais c'est surtout à l'adolescence qu'il prend conscience des valeurs sociales et qu'il les applique à ses parents. Parmi ces valeurs, masculinité et féminité sont très certainement d'une grande importance.

> Pour *Luc*, cette prise de conscience est accélérée par son travail analytique. Il en arrive à se dire que, contrairement à ce qu'il avait pensé jusque-là, son père était plutôt féminin et sa mère un peu masculine. Cette « révélation » ne l'affecte pas. Au contraire, dire cela lui permet de comprendre soudain pourquoi, par exemple, il refusait l'autorité de sa mère. C'est à ce moment de ce cheminement que son père me téléphone. Il connaissait, par l'ami qui lui avait donné mon adresse, les règles du traitement. Pourtant il me demande ce jour-là mes « conclusions ». « Vous suivez mon fils depuis un certain temps déjà, me dit-il. C'est moi qui lui ai donné votre adresse, j'aimerais savoir maintenant vos conclusions ! »

On ne peut s'empêcher de faire un lien entre la « découverte » de Luc et l'intervention du père. De fait, ce genre de coïncidence est extrêmement fréquent en psychothérapie d'enfants ou d'adolescents. C'est que le dialogue entre parents et enfant, quand il n'a pas attendu cette psychothérapie pour se nouer, s'enrichit de nouvelles données apportées par la réflexion sur soi-même. Or, si l'enfant ou l'adolescent a un interlocuteur extérieur et relativement objectif, les parents, eux, même s'ils l'évoquent entre eux, ont soudain besoin de parler, surtout quand ils sont remis en cause par leur enfant. Le seul interlocuteur valable leur paraît tout choisi. D'une part, parce qu'ils lui font confiance et qu'il connaît bien leur enfant, mais aussi et surtout, parce qu'il est jugé responsable de ce qu'il fait surgir en lui, et entre eux et lui ; enfin, parce que se sachant écoutés par l'intermédiaire de l'enfant, ils aimeraient parler à celui par qui ils se sentent jugés.
On comprend donc très bien la réaction du père de Luc. On la comprend si bien que, comme je le disais au début, c'est pour ces parents que ce livre est écrit en priorité. Car il est impossible à l'analyste d'avoir deux patients de la même famille, ou de dire

ce qu'il pense à des parents sur leur enfant. Entre autres raisons d'abord, parce que son jugement reste toujours suspendu, en pleine évolution. Ensuite, parce que c'est cette suspension elle-même qui fait l'écoute de l'analyste. Celui-ci se trouve donc, avec les parents, devant le paradoxe de les comprendre sans pouvoir le leur dire. C'est d'autant plus frustrant que ceux-ci ne comprendront pas son silence ou sa fin de non-recevoir, même et surtout s'il fait du bon travail.

Il est facile, en revanche, d'expliquer cela à des parents, qui pourront alors parler à quelqu'un d'autre des remises en cause que leur provoque l'adolescence, et *a fortiori* l'analyse de leur adolescent. Bien souvent, les reproches que font les adolescents sont très exagérés et il faut expliquer aux parents à quoi tient cette exagération.

Le règlement des problèmes psychologiques

La psychanalyse est un processus qui a un début et une fin et qui vise par la relation avec une personne à instaurer un changement dans l'individu. Changez dans cette phrase « une personne » par « plusieurs personnes » et vous obtiendrez... la définition de l'adolescence ! La parenté ne s'arrête pas là. Il y a, lors de ce processus de l'adolescence, une véritable ouverture aux problèmes inconscients. Les adolescents ne se mettent-ils pas à poser quantité de questions, à remettre les autres et eux-mêmes en cause ?

Aussi bien le psychanalyste qui les voit pour la première fois doit-il adopter une attitude très *souple*. Souple ne veut pas dire laxiste, mais adaptée et respectueuse de la volonté du jeune patient. Freud, là encore, a été un précurseur : lui adressant un jeune patient gravement atteint, il écrit à Jung, son brillant élève, psychiatre à Zurich : « Il est terriblement fier et vulnérable. Si vous le voyez, traitez-le uniquement, j'aimerais dire, comme un *collègue.* »

C'est que le psychanalyste ne se pose ni en juge ni en médecin, mais en personne qui a elle-même subi une psychanalyse et reste proche de son inconscient.
Il doit donc être disponible aussi bien pour des entretiens espacés que pour une véritable psychanalyse. À lui de voir, en effet, si les conditions d'une psychanalyse sont réunies. Ces conditions, elles aussi, doivent être souples. Si, comme beaucoup, je pense qu'il n'est de véritable (et efficace) psychanalyse que payée par celui qui s'y engage, il est certain que des aménagements doivent être possibles à l'adolescence. Car, bien entendu, si cela compromet les études cela risque d'hypothéquer l'avenir. Mais, parfois, devant l'intensité et la profondeur des problèmes, il faudra se tenir à des règles strictes.
C'est le processus analytique lui-même qui conditionne la durée de la cure. Ainsi, entre les entretiens espacés ou les psychothérapies d'une part, et la psychanalyse classique d'autre part, existent assez fréquemment des psychanalyses d'adolescent, classiques dans leur forme, mais relativement brèves dans leur durée, qui épousent pratiquement le déroulement du processus de l'adolescence.
À cet âge, cependant, même la psychanalyse dite classique conserve son originalité : un adolescent me disait un jour : « Quelle différence peut-il y avoir entre moi et un papy de 40 ans que vous auriez sur le divan ?... La différence c'est peut-être que moi, je vous bouscule plus ! »

L'efficacité de la consultation

Quel que soit le problème ou le trouble qui fait consulter, le spécialiste doit s'adapter au dynamisme de l'adolescent. Même s'il ne se contente pas d'écouter et qu'il est obligé d'intervenir, il ne peut le faire sans négocier avec lui. Bien sûr, comme toute règle, celle-ci a ses exceptions. Mais il faut bien convenir qu'en

psychologie, c'est le patient qui a le dernier mot. Autant en tenir compte dès la première consultation.
Pour qu'elle soit efficace, il est indispensable que l'adolescent seul ou avec ses parents vienne librement demander un avis impartial. Cette condition minimale est parfois caricaturalement évacuée comme le montre cet exemple :

Karine est amenée par son père et sa mère pour un comportement très mal supporté à la pension : elle est insolente avec ses professeurs et fait figure de meneuse. J'apprends rapidement que les parents ne s'entendent par sur son éducation. La mère trouve le père trop laxiste et celui-ci se plaint de ne pas être écouté par sa femme. Celle-ci sort une liste impressionnante de défauts, mauvais résultats et autres méfaits de Karine. Je demande à celle-ci si elle était d'accord pour cette visite.
– Oui, dit la mère.
– Non, rétorque Karine. On ne m'a pas prévenue et j'étais obligée de venir.
– Si, dit la mère, puisque c'est pour son bien, elle ne peut qu'être d'accord.
En fait, la jeune fille a besoin de consulter, mais le conflit avec les parents et le conflit des parents entre eux risquent de lui faire refuser une consultation nécessaire. Après avoir vu Karine seule, je décide de voir plusieurs fois la maman qui comprend bien que c'est nécessaire, en tout cas dans un premier temps.

Il faut éviter également l'interférence de tiers parfois bien intentionnés : le professeur, le médecin, etc., pour pouvoir dialoguer en confiance avec l'adolescent. C'est en effet indispensable pour qu'il se passe quelque chose et que la consultation soit utile. Il faut en effet que cette consultation soit une véritable *rencontre*, et que le fait d'avoir pu dialoguer avec un psychanalyste – ne serait-ce qu'une fois – fasse envisager les choses autrement. Il est clair qu'il faut, pour que cela se passe de cette façon, réunir certaines conditions de liberté et de confiance.
On ne dira jamais assez l'efficacité de telles consultations, souvent

uniques, que l'adulte se rappellera comme un moment marquant de sa vie. Peut-être est-ce la conjonction du bon moment et de la bonne personne qui explique cette chance. Dans ces cas-là, le spécialiste a l'impression de jouer le rôle du catalyseur en chimie : il ne sert à rien, mais sans lui la réaction n'aurait pu avoir lieu.

POUR EN SAVOIR PLUS

Indications bibliographiques

Adolescence et psychanalyse

Pierre Mâle, *Œuvres complètes*, Coll. « Quadrige », PUF, 1999.

Ariane Deluz, Bernard Gibello, Jean Hébrard et Octave Mannoni, *La Crise d'adolescence*, coll. « L'Espace analytique », Denoël, 1984.

Peter Blos, *Les Adolescents, essai de psychanalyse*, Stock, 1967.

Alain Braconnier et Didier Marcelli, *L'Adolescence aux mille visages*, Éditions universitaires, 1991.

Françoise Dolto, *La Cause des adolescents*, Robert Laffont, 1988.

Psychosomatique

Léon Kreisler, *Le Nouvel Enfant du désordre psychosomatique*, Privat, 1987.

Sexualité

Robert Stoller, *Recherches sur l'identité sexuelle*, Gallimard, 1979.

Suicide

Huguette Caglar, François Ladame, Mounir Samy, Ginette Raimbault, *Adolescence et suicide*, Éditions sociales françaises, 1989.

Anorexie mentale

Bernard Brusset, *L'Assiette et le Miroir*, Privat, 1977.

Drogue

Marc Valleur, Alain Debourg, Jean-Claude Matysiak, *Vous, vos enfants et la drogue*, préface du Pr Claude Olivenstein, Calmann-Lévy, 1990.

Maladie mentale

Jean-José Baranes, *La Question psychotique à l'adolescence : le passage du Cap Horn*, Dunod, 1991.

Raymond Cahn, La *Folie à l'adolescence*, coll. « Le fil rouge », PUF, 1990.

Psychanalyse en général

Maud Mannoni, *Le Premier Rendez-Vous avec le psychanalyste*, coll. « Tel », Gallimard, 1988.

D.W. Winnicott, *De la pédiatrie à la psychanalyse*, Payot, 1989.

Sigmund Freud, *Abrégé de Psychanalyse*, PUF, 1998.

Adresses utiles

Parmi les nombreux centres, consultations, hôpitaux de jour, etc., il nous a paru utile de sélectionner ceux qui sont spécialisés dans les problèmes d'adolescence, qu'ils traitent dans l'optique de ce livre. Les établissements signalés dans quelques grandes villes de province sont à même d'indiquer des adresses régionales plus proches du domicile.

Paris et région parisienne

□ Hôpitaux de jour et centres médico-psycho-pédagogiques pour adolescents

(Les hôpitaux de jour cités ici sont des structures avec scolarisation, les CMPP sont attenants à ces structures.)

Hôpital de jour de l'Institut mutualiste Montsouris :
40-42, bd Jourdan, 75014 Paris.
Téléphone : 01 40 78 21 21.

CEREP Parc Montsouris – Centre de réadaptation psychothérapique :
20, bd Jourdan, 75014 Paris
Téléphone : 01 45 88 89 54.

Hôpital de jour La Grange Batelière – Centre psychologique et scolaire :
13, rue de la Grange-Batelière, 75009 Paris
Téléphone : 01 47 70 40 50.

CMPP La Grange Batelière – Centre médico psycho-pédagogique :
13, rue de la Grange-Batelière, 75009 Paris
Téléphone : 01 47 70 70 32.

Hôpital de jour Étienne-Marcel :
3, cité d'Angoulême, 75011 Paris
Téléphone : 01 43 38 91 07.

CMPP Étienne-Marcel – Centre médico psycho-pédagogique :
10, rue du Sentier, 75002 Paris
Téléphone : 01 42 33 21 52.

Hôpital de jour – Centre du parc de Saint-Cloud :
26-28, rue Pradier, 92410 Ville-d'Avray
Téléphone : 01 47 09 56 65.

CMPP de Ville-d'Avray – Centre médico psycho-pédagogique :
26, rue Pradier, 92410 Ville-d'Avray
Téléphone : 01 47 09 52 84.

□ Orientation scolaire

Centre de consultation familiale de psychologie et d'orientation (CFPO) :
14, rue Viala, 75015 Paris
Téléphone : 01 45 77 84 48.

Centre d'orientation et d'examens psychologiques (COREP) :
18, rue de Varenne, 75007 Paris
Téléphone : 01 44 39 74 10.

Consultations en province

Bordeaux
CMPP
168, bd Wilson, 33000 Bordeaux
Téléphone : 05 56 44 24 77.

Caen
Centre de guidance (ACSEA)
4, rue de Varende, 14300 Caen
Téléphone : 02 31 86 49 38.

Grenoble
Service médico-psychologique universitaire
10, rue Augereau, 38000 Grenoble
Téléphone : 04 76 43 31 50.

Lille
RAPU
153, bd de la Liberté, 59800 Lille
Téléphone : 03 20 54 85 26.

Strasbourg
Consultation infanto-juvénile – service du Pr Ebtinger :
Hôpital civil
1, place de l'Hôpital, 67091 Strasbourg
Téléphone : 03 88 16 17 18.

• Un service de l'École des parents et des éducateurs, Inter-Service-parents, peut informer et orienter sur toutes les questions concernant les adolescents.
Le 01 44 93 44 93 indique les antennes régionales.
• Le n° vert 0 800 235 236 destiné aux jeunes directement peut indiquer les coordonnées des Espaces-écoute-jeunes en province.

Table des matières

DANS LA MÊME COLLECTION

Intelligent mais peut mieux faire
Jean-Luc Aubert

Quels repères donner à nos enfants dans un monde déboussolé ?
Jean-Luc Aubert

Du berceau à l'école – Les chemins de la réussite
Jean-Luc Aubert

Une autre école pour votre enfant – Les pédagogies différentes
A. Baudemont/L. Alcoba

Petits tracas et gros soucis de 1 à 7 ans – quoi dire, quoi faire
Christine Brunet/Anne-Cécile Sarfati

Papa, Maman, laissez-moi le temps de rêver !
Etty Buzyn

La mort pour de faux et la mort pour de vrai
Dana Castro

Vos enfants ne sont pas des grandes personnes
Béatrice Copper-Royer

Doit-on céder aux adolescents ?
Dr Patrick Delaroche

Parents, osez dire non !
Dr Patrick Delaroche

Blessures d'enfance – Les dire, les comprendre, les dépasser
Nicole Fabre

La vérité sort de la bouche des enfants
Nicole Fabre

Amour, enfant, boulot, comment sortir la tête de l'eau
Anne Gatecel et Carole Renucci

Les mères qui travaillent sont-elles coupables ?
Sylviane Giampino

Il était une fois le Bon Dieu, le Père Noël et les fées – L'enfant et la croyance
Dominique Gobert

Notre enfant d'abord – Du divorce à la médiation familiale
Muriel Laroque/Marie Théault

Papa, Maman, on m'a traité de gros
Elisabeth Lesne

Le chemin de l'adoption – Le cœur et la raison
Jean-François Mattei

L'enfant unique – Atouts et pièges
Carl E. Pickhardt

Aidez-moi à trouver mes marques ! – Les repères du tout-petit
Dr Michael Rohr

Toutes les questions que vous vous posez sur l'école maternelle
Nicole du Saussois

Papa, Maman, dites-moi pour de vrai !
Gérard Sévérin

Un bonheur est si vite arrivé – Seul, en couple, en famille
Gérard Sévérin

Aux risques de l'adolescence
Gérard Sévérin

Nos enfants sont-ils heureux à la crèche ?
Anne Wagner/Jacqueline Tarkiel

DANS LA COLLECTION BIBLIOTHÈQUE DE LA FAMILLE

Le bébé prématuré, l'accueillir, le découvrir, le soutenir
Dr Claude Beyssac-Fargues et Sabine Syfuss-Arnaud

La grande enfance, les 6-11 ans
Sylvette Desmeuzes-Balland

Toutes les questions au pédiatre
Dr Antoine Galland

Le guide de l'après-accouchement
Sylvia Gaussen avec Hélène de Gunzbourg

Votre enfant de la naissance à la grande école
Penelope Leach

Le territoire de votre enfant
Manuel Maidenberg et Mary Canal

Une année dans la vie d'une femme
Maïté Jacquet et Mathilde Nobécourt

BRETECHER

Les compétences du nouveau-né
Dr Marie Thirion

L'allaitement
Dr Marie Thirion

Le sommeil, le rêve et l'enfant
Dr Marie Thirion et Marie-Josèphe Challamel

L'éveil de votre enfant, pour un bébé actif et détendu
Chantal de Truchis-Leneveu

Pourquoi pleurent-ils ? Comprendre le développement de votre enfant de 0 à 1 an
Etty Van Rijt et Franz X. Plooij

"Nous devons surtout réapprendre à éduquer"

Poser la question des valeurs comme si nous les avions perdues et qu'il fallait en découvrir d'autres est un faux problème. Les valeurs existent et sont bien présentes. La mentalité individualiste fait que chaque personne ne les considère pas toujours comme des références et veut inventer ses propres codes et agir selon ses intérêts. On n'envisage même plus la formation morale des jeunes comme une nécessité vitale, et tout est fait pour neutraliser l'éducation religieuse. Ce qui entraîne un délitement du lien social et une dévalorisation du sens de la loi. Les rave-parties en sont le symptôme. Elles sont le degré zéro de la vie psychique et de la civilisation ; un phénomène d'une violence extrême et mortelle contre soi et contre le lien social. Et pourtant, les pouvoirs publics baissent les bras et les lois ne sont pas appliquées à cause de la peur qu'ils ont des jeunes. Les parlementaires, faute de pensée et de projet, sapent le socle anthropologique de notre société, qui a mis des siècles à s'élaborer en votant de nombreuses lois pour satisfaire des modes et des intérêts subjectifs parfois pervers. Ils font perdre du crédit au sens des valeurs quand ils osent prétendre que l'adultère n'est plus une faute ! La société et les adultes ne savent plus éduquer. L'éducation a été réduite à la séduction, au plaisir immédiat et à la négociation.

Or tout ne se négocie pas avec un enfant qui a besoin de savoir obéir pour être un jour autonome. Les pouvoirs publics, l'école, les familles et les adultes en général ne doivent pas abandonner l'apprentissage des valeurs, des codes et des règles, à commencer par celles de la grammaire, délaissées par l'école, indispensables au développement et à la socialisation des individus. Pour sortir des impasses suicidaires et démagogiques actuelles de la violence juvénile et de personnalités socialement déstructurées et immatures, nous devons : remplacer l'envahissement de l'explication psychologique par de la pédagogie ; soutenir les efforts à faire pour apprendre au lieu d'enfermer dans la recherche du plaisir pour lui-même ; enraciner l'enfant dans la réalité des choses au lieu de vouloir immédiatement son épanouissement ; éduquer au sens des relations plutôt que de faire uniquement dans la communication et le sentiment ; que les adultes acceptent d'exercer l'autorité pour nommer les possibles et les limites, les interdits et les sanctions. Faute de quoi nous produirons des personnalités sans intériorité, impulsives, fragiles et narcissiques. Nous avons besoin d'une révolution : une révolution des mentalités pour oser s'engager dans une réelle attitude éducative et avoir recours aux valeurs de la vie qui nous humanisent.

Tony Anatrella
Psychanalyste

VSKY/FIGARO MAGAZINE

N° d'édition : 19227.
N° d'impression : 49417.
Dépôt légal : octobre 2000.
Imprimé en France.